말문이 트이는

스토리
초등 영문법

스코프는 책에 관한 아이디어와 원고를 설레는 마음으로 기다리고 있습니다.
책으로 엮기를 원하는 아이디어가 있으신 분은 이메일(bookrose@naver.com)로 간단한 개요와 취지,
연락처 등을 보내주세요. 망설이지 말고 문을 두드리세요. 길이 열릴 것입니다.

말문이 트이는 스토리 초등 영문법

초판 1쇄 발행 | 2014년 3월 15일
초판 2쇄 발행 | 2015년 4월 1일

지은이 | 김지은
펴낸이 | 박영욱
펴낸곳 | 스코프

경영총괄 | 정희숙
편집 | 지태진 조병세
마케팅 | 최석진 임동건
표지 및 본문 디자인 | 씨오디
일러스트 | 방한나

주소 | 서울시 마포구 월드컵로14길 62
이메일 | bookrose@naver.com
전화 | 편집문의 02-325-5352 영업문의 02-322-6709
팩스 | 02-3143-3964

출판신고번호 | 제313-2007-000197호

ISBN 978-89-6799-039-8 (63740)

말문이 트이는
스토리 초등 영문법

김지은 지음 · Clara Jeong 감수

영어 문법은 무조건 달달달 외워야 한다고요?
머릿속에 그림처럼 영문법이 떠오르는 연상 작용으로
공부하세요. 저절로 문법이 떠오릅니다.

언어 학습의 핵심은 말하기와 듣기입니다. 모국어를 배우는 과정을 보면 이를 더 잘 알 수 있습니다. 그래서일까요? 외국어도 모국어처럼 배워야 한다며 취학 전부터 회화 위주의 영어 교육이 대세를 이루고 있습니다. 물론 회화 위주의 교육은 어린아이들에게 새로운 언어를 배우는 재미를 한껏 선사합니다.

하지만 어느 순간 아이들에게 영어 공부는 지겨운 것이 됩니다. 언제부터냐고요? 바로 '문법' 공부를 시작하는 순간부터입니다. 어렵고 따분하기 때문입니다. 외워야 할 것도 너무 많고, 명사며 형용사며 동사며 배워야 할 것도 너무 많습니다. 문득 이런 생각이 들 수도 있습니다. 말하고 들을 줄만 알면 되는 것 아닌가? 지난번 가족 여행으로 외국에 나갔을 때도 우리 아이가 외국인과 유창하게 대화만 잘하던데, 굳이 귀찮게 문법을 배울 필요 있나?

결론부터 말하자면 문법 공부는 '필수'입니다. 기초 영어 수준에서는 회화 학습만으로 충분할지 모르지만, 학년이 올라가 더 수준 높은 영어를 말하고 쓰기 위해서는 반드시 문법을 공부해야 합니다. 사실 이는 우리말을 배울 때도 마찬가지입니다. 아이들이 모국어의 듣기와 말하기, 기본적인 읽기 능력이 생기면 국어 시간에 '문법'을 배웁니다.

그렇다면 문법 공부를 어떻게 시작해야 할까요? 무조건 영문법 책을 달달 외우게 하면 될까요? 그렇지 않습니다. 오히려 역효과를 초래할 뿐이지요. 문법도 회화처럼 쉽고 재미있게 시작하는 것이 좋습니다. 이 책은 바로 그런 의도로 쓴 책입니다. 아이들이 거부감을 느끼지 않고 문법에 입문하도록 하고자 하는 것입니다. 재미있는 스토리를 읽고 퀴즈를 풀다 보면 연상 작용을 통해 머릿속에 그림처럼 영문법이 떠오르도록 구성했습니다. QQ라는 '퀴즈의 신'이 등장해서 문법 사항을 콕콕 짚어 주지요. 아이들이 다른 영문법 책에서는 느끼지 못했던 흥미를 가지고 문법을 차근차근 학습할 수 있을 것입니다.

요즘은 초등교육 과정에서도 스토리텔링이 중요합니다. 수학도 스토리텔링으로 익히도록 교과서가 개정되었지요. 그런 의미에서 이 책은 아이들에게 스토리를 통한 연상 작용으로 문법이 저절로 머릿속에 들어오게 하는, 일석이조의 효과를 줄 것입니다.

저자 김지은

흥미진진한 이야기 속에 영문법의 신 QQ가 등
장해서 힌트를 줍니다. 무조건 외우는 방식이 아
니라 스스로 생각해 보며 재미있게 문법을 익힐
수 있도록 했습니다.

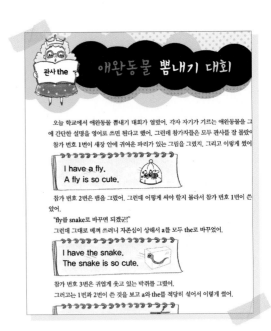

QQ가 이야기를 따라가며 문법을 알려 줍니다.
하지만 단순히 문법을 외우게 하는 것이 아니라
이야기의 주인공이 왜 위험에 빠지게 되었는지
스스로 생각해 보면서 실마리를 풀어가게끔 구
성했습니다. QQ의 설명을 읽어 내려가다 보면
자연스럽게 영문법을 익히고 퀴즈의 답을 맞힐
수 있습니다.

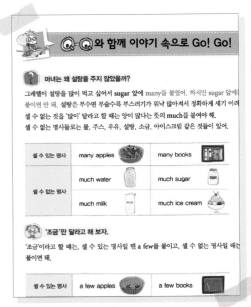

앞에서 알려 준 문법을 다시 정리해 놓았습니다.
이야기를 따라가며 익힌 문법을 한눈에 파악할
수 있도록 표와 예문을 실었습니다.

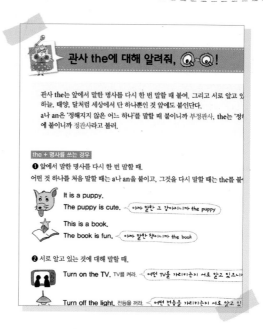

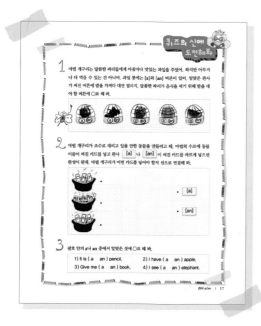

꼭 알아야 할 문법을 퀴즈를 통해 테스트해 볼
수 있습니다.

초등영어 기본 800단어와 불규칙 동사표를 부
록으로 실었습니다.
꼭 외워야 하는 동사들이니, 냉장고나 책상에 붙
여 놓고 수시로 외우세요.

목차

 Part 1

도전! 8품사 퀴즈왕

관사

명사

대명사

동사

조동사

형용사

부사

전치사

접속사

그 밖에 꼭 알아야 할 것들

도전! 영단어 퀴즈왕

부록

도전!
8품사 퀴즈왕

마법 개구리와 달콤한 파리

어느 숲 속 마을에 마법 개구리가 살았어. 마법 개구리는 달콤한 파리를 만들어서 동굴에 모아 두었어. 그러고는 동굴 문에 주문을 걸어 놓았지.

어느 날, 이 소문을 들은 이웃 마을 개구리들이 동굴을 찾아왔어.

"달콤한 파리라~ 정말 맛있겠다. 그런데 주문이 뭘까?"

그때 동굴 문에 그려진 그림이 보였어.

> 동굴 문에 그려진 것들을 영어로 말하시오.
> 단, '하나'를 나타내는 a나 an을 반드시 붙여야 함.

"하하하, 정말 쉽잖아!"

개구리들은 첫 번째 동그라미에 그려진 것들을 말했어.

a monkey, a bag, a book, a banana

그러자 '삐거억~' 하는 소리와 함께 문이 살짝 움직이는 게 아니겠어?

두 번째 동그라미 안에 있는 것까지 말해야 문이 열리는 게 틀림없 었어. 개구리들은 이번에도 큰 소리로 말했지.

a apple, a elephant…….

그런데 이게 웬일이야? 모두 다 말했는데도 문이 더 이상 열리지 않 고, 열린 문틈으로 파리들이 한두 마리씩 도망가는 게 아니겠어?

뭐라고 말하면 문이 열릴까?

 왜 동굴 문이 조금밖에 열리지 않았을까?

개구리들은 첫 번째 동그라미에 그려진 것들을 아주 잘 말했어.
'어느 하나'를 말할 땐 앞에 'a'를 붙이면 된다는 걸 알고 있었거든.

a monkey, a bag, a book, a banana

하지만 두 번째 동그라미에 그려진 것들에도 무조건 a를 붙인 게 잘못이었던 거지.

a, e, i, o, u로 시작하는 단어 앞에는 an을 붙여야 해.

a, e, i, o, u가 도대체 뭐기에 그러는 걸까? a, e, i, o, u를 '모음'
이라고 해.
apple은 a로 시작하니까 '사과 한 개'라고 할 때 a apple이 아
니라 an apple이 되는 거지. 그러니까 주문을 이렇게 외워야
겠지?

모음은
우리말의 '아, 에,
이, 오, 우'와
같은 것이지.

an apple, an elephant, an umbrella, an orange

 왜 a와 an을 구별해서 쓰는 걸까?

발음하기 편하게 하기 위해서야. 한번 큰 소리로 a apple이라고 빠르게 말해 볼래? a와 apple
사이에 잠깐 띄어서 /어 애플/이라고 말해야 하니까 불편하지? 하지만 an apple은 /어내플/이라
고 이어서 빠르게 말할 수가 있어. 그래서 모음으로 시작하는 단어 앞에는 a 대신 an을 붙인단다.

관사 a와 an에 대해 알려줘, ◎-◎!

a book, an apple처럼 '어느 하나'를 나타낼 때 a나 an을 붙였지?
문법에서는 이런 a나 an을 관사라고 해.

관사 a/an + 명사

❶ 관사 a : '어느 하나'를 나타낼 때 명사 앞에 붙여.

명사란 사람, 장소, 물건 등의 이름을 가리키는 말이야. 여기선 동굴 문에 그려진 것들의 이름이 모두 명사야.

a bag 가방 하나　　a horse 말 한 마리　　a frog 개구리 한 마리　　a mouse 쥐 한 마리

It is a mouse. 이건 쥐야. ◁─ (이럴 땐 꼭 '한 마리'라고 해석하지 않아도 돼.)

I have a bag. 나는 가방이 하나 있어.　　I see a frog. 개구리 한 마리가 보여.

❷ 관사 an : 명사의 첫소리가 모음(a, e, i, o, u)으로 시작할 때 a 대신에 붙여.

an apple 사과 하나　　an elephant 코끼리 한 마리　　an umbrella 우산 하나

It is an orange. 이건 오렌지야.　　I have an umbrella. 나는 우산이 하나 있어.

I see an octopus. 문어 한 마리가 보여.　　Give me an orange, please. 오렌지 하나 주세요.

an hour에 an을 붙인 이유는?

h는 모음이 아니니까 그 앞에는 원래 관사 a를 붙여야 하지.
　　a house 집 한 채　　a horse 말 한 마리　　a hippo 하마 한 마리

그런데 hour 앞에는 an을 붙였어. 그건 hour에서 h는 소리가 안 나기 때문이야. 그래서 '첫글자'가 아니라 '첫소리'가 모음으로 시작할 때 an을 붙인다고 한 거야.

1 마법 개구리는 달콤한 파리들에게 아침마다 맛있는 과일을 주었어. 하지만 아무거나 다 먹을 수 있는 건 아니야. 과일 통에는 [a]와 [an] 버튼이 있어. 알맞은 관사가 써진 버튼에 발을 가져다 대면 열리지. 달콤한 파리가 음식을 먹기 위해 발을 대야 할 버튼에 ◯표 해 봐.

2 마법 개구리가 조수로 데리고 있을 만한 동물을 만들려고 해. 마법의 수프에 동물 이름이 써진 카드를 넣고 관사 [a] 나 [an] 이 써진 카드를 바르게 넣으면 완성이 된대. 마법 개구리가 어떤 카드를 넣어야 할지 선으로 연결해 봐.

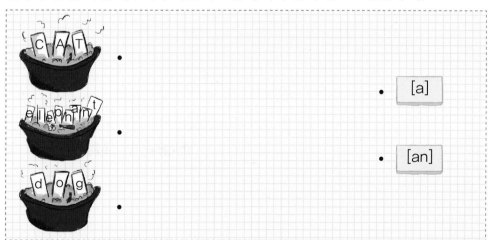

3 괄호 안의 a나 an 중에서 알맞은 것에 ◯표 해 봐.

1) It is (a an) pencil. 2) I have (a an) apple.

3) Give me (a an) book. 4) I see (a an) elephant.

애완동물 뽐내기 대회

관사 the

오늘 학교에서 애완동물 뽐내기 대회가 열렸어. 각자 자기가 기르는 애완동물을 그리고 간단한 설명을 영어로 쓰면 된다고 했어. 그런데 참가자들은 모두 관사를 잘 몰랐어.

참가 번호 1번이 새장 안에 귀여운 파리가 있는 그림을 그렸어. 그리고 이렇게 썼지.

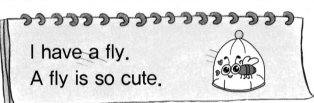

I have a fly.
A fly is so cute.

참가 번호 2번은 뱀을 그렸어. 그런데 어떻게 써야 할지 몰라서 참가 번호 1번이 쓴 걸 슬쩍 보았어.

"fly를 snake로 바꾸면 되겠군!"

그런데 그대로 베껴 쓰려니 자존심이 상해서 a를 모두 the로 바꾸었어.

I have the snake.
The snake is so cute.

참가 번호 3번은 귀엽게 웃고 있는 박쥐를 그렸어.

그리고는 1번과 2번이 쓴 것을 보고 a와 the를 적당히 섞어서 이렇게 썼어.

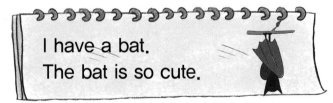

I have a bat.
The bat is so cute.

심사위원은 과연 누구에게 상을 줘야 할지 몰랐어. 다들 귀여운 애완동물이었거든. 그래서 QQ를 불러 도움을 요청했더니 QQ가 이렇게 말했어.

"뭘 그리 고민하세요? 영어를 바르게 쓴 참가자는 딱 한 명이에요. 그 친구가 우승인 거죠!"

과연 누가 우승인 걸까?

와 함께 이야기 속으로 Go! Go!

 누가 우승을 했을까?

관사를 정확하게 쓴 3번 참가자가 우승을 했어.

I have a bat. 난 박쥐 한 마리가 있어.

The bat is so cute. 그 박쥐는 아주 귀여워.

박쥐 한 마리는 a bat이야. 그런데 아까 말한 '그 박쥐'라고 할 땐 a 대신 the를 붙여서 the bat이라고 해야 해.

 1번과 2번 참가자의 문장을 고쳐 주자.

3번 참가자는 자기가 우승을 하고도 그다지 기쁘지 않았어. 1번과 2번이 쓴 걸 보고 썼거든. 그래서 문장을 고쳐 주고 공동 우승을 하기로 했지. 어떻게 고쳐야 할까?

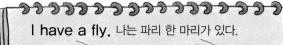

I have a fly. 나는 파리 한 마리가 있다.

A fly is so cute. 그 파리는 아주 귀엽다.
The

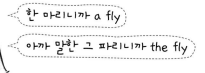

한 마리니까 a fly

아까 말한 그 파리니까 the fly

I have the snake. 난 뱀 한 마리가 있다.
a

The snake is so cute. 그 뱀은 정말 귀엽다.

한 마리니까 a snake

아까 말한 그 뱀이니까 the snake

궁금해 **꼼짝도 하지 않는 박쥐. 왜일까?**

QQ는 이유를 알아냈어. 태양이 너무 밝았기 때문이지.

Look at the sky. 하늘을 봐.

The sun is so bright. 태양이 아주 밝아.

그런데 왜 sky와 sun은 처음 나온 단어인데 앞에 the를 붙였을까? 세상에 하나밖에 없는 것이기 때문이야. 이렇게 세상에 하나밖에 없는 것 앞에도 the를 붙인단다.

관사 the에 대해 알려줘, !

관사 the는 앞에서 말한 명사를 다시 한 번 말할 때 붙여. 그리고 서로 알고 있는 명사나 하늘, 태양, 달처럼 세상에서 단 하나뿐인 것 앞에도 붙이지.

a나 an은 '정해지지 않은 어느 하나'를 말할 때 붙이니까 부정관사, the는 '정해진 것' 앞에 붙이니까 정관사라고 불러.

the + 명사를 쓰는 경우

❶ 앞에서 말한 명사를 다시 한 번 말할 때.

어떤 것 하나를 처음 말할 때는 a나 an을 붙이고, 그것을 다시 말할 때는 the를 붙여.

It is a puppy.
The puppy is cute. ◁ 아까 말한 그 강아지니까 the puppy

This is a book.
The book is fun. ◁ 아까 말한 그 책이니까 the book

❷ 서로 알고 있는 것에 대해 말할 때.

Turn on the TV. TV를 켜라. ◁ 어떤 TV를 가리키는지 서로 알고 있으니까 the TV

Turn off the light. 전등을 꺼라. ◁ 어떤 전등을 가리키는지 서로 알고 있으니까 the light

❸ 세상에 하나밖에 없는 것을 말할 때.

It's the sky.
Look at the sky.

It's the sun.
Look at the sun.

It's the moon.
Look at the moon.

1   애완동물 뽐내기 대회에서 우승한 참가자가 **QQ**와 함께 다른 참가자들의 문장을
고쳐 주려고 해. 틀린 단어를 찾아 제대로 고쳐 봐.

> 1) I have a fly. A fly is so cute.
>
> 2) I have the snake. The snake is so cute.

2   참가자들이 실제로 애완동물을 데리고 와서 파티를 열었어. 그런데 이게 웬일이
야? 배고픈 뱀과 박쥐가 참가 번호 1번의 애완동물인 파리를 잡아먹으려는 게 아
니겠어? 참가 번호 1번이 너무 놀라 소리쳤어.

Don't eat [   ] fly!

[   ]에 들어갈 알맞은 말에 동그라미 해 봐.

> a   an   the

3   ( ) 안 단어 중에서 알맞은 단어에 ○표 해 봐.

1)

Don't eat [a   an   the] sandwich!

2)

Turn off [a   an   the] TV.

3)

Look at [a   an   the] sun.
I hate [a   an   the] sun.

마녀들의 상점

으스스한 산골 마을에 검은 고양이를 키우는 마녀가 살았어. 그런데 어느 날 고양이 밥이 바닥이 나 버렸지.

"음, 우리 고양이가 좋아하는 생쥐랑 생선이 다 떨어졌잖아? 사과랑 칫솔도 사야 하는데……."

마녀는 사야 할 것들을 메모지에 적었어.

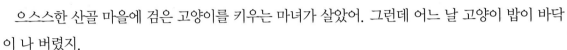

apple, toothbrush, mouse, fish

그러고는 고양이와 함께 요술 빗자루를 타고 '마녀들의 상점'에 갔어. 상점의 자판기 앞엔 이렇게 적혀 있었지.

사고 싶은 물건을 종이에 적어서 자판기에 넣으시오.
개수를 정확히 써야만 물건이 나옴.

마녀는 일단 apple 앞에 5를 넣어서 자판기에 넣었어. 하지만 사과가 하나도 나오지 않았어.

"아 참! 여러 개를 말할 땐 s를 붙여야 하지!"

마녀가 apple뒤에 s를 붙여서 [5 apples]라고 써넣자마자 사과 5개가 나왔어. 이번엔 toothbrush 뒤에 s를 붙인 다음 넣었지.

2 toothbrushs

그런데 칫솔이 나오지 않았어. 무엇이 문제일까?

마녀는 QQ를 불렀어.

"여러 개라고 무조건 s만 붙이면 안 돼요. 알파벳 하나를 더 넣어 보세요."

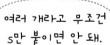

여러 개라고 무조건 s만 붙이면 안 돼.

2 toothbrush_s

그때 마침 고양이가 쓰레기통에서 생쥐 통조림 빈 깡통을 하나 물고 왔어.

QQ가 말했어.

"고양이가 이렇게 쓰라고 보여 주려고 가져왔나 봐. 큭큭큭……."

와 함께 이야기 속으로 Go! Go!

 apple 앞에 숫자 5만 붙였을 땐 왜 사과가 나오지 않았을까?

사과 여러 개를 말할 땐 apple에 s를 붙여야 하기 때문이지. 다행히 마녀는 이걸 깨달았어. 그래서 5 apples라고 써서 사과 5개를 받게 된 거야.

 toothbrush 뒤에 s를 붙였는데 칫솔이 안 나왔어. 자판기가 고장 난 걸까?

여러 개를 말할 때 무조건 s만 붙이는 게 아니라고 했지?
s, sh, ch, x, o로 끝나는 명사에는 s가 아니라 es가 붙어.

bus – buses   watch – watches   dish – dishes

> 그건 발음하기 쉽게 하기 위해서야. toothbrush에 s만 붙일 때보단, es를 붙여서 발음하면 힘들이지 않고 부드럽게 발음할 수 있지.

 통조림에 쓰여 있는 mice는 또 뭐야?

mice가 상표 이름이냐고? 아니야. '쥐들'이라는 뜻이야. 영어 단어 중에는 이렇게 복수형일 때 모양이 완전히 변하는 것들이 있어.

man 남자 → men 남자들   woman 여자 → women 여자들
mouse 생쥐 → mice 생쥐들   child 어린이 → children 어린이들

 궁금해 **fish는 왜 그대로일까?**

여럿을 나타내는 명사 중에는 모양이 변하지 않는 것도 있어. fish도 그중 하나지.

a fish 물고기 한 마리 → four fish 물고기 네 마리
a sheep 양 한 마리 → three sheep 양 세 마리
a deer 사슴 한 마리 → two deer 사슴 두 마리

명사에 대해 알려줘, 🔍-🔍!

이름을 나타내는 말을 명사라고 해. 명사에서 명(名)은 이름이라는 뜻의 한자야.
우리는 모두 이름이 있지? 동물이나 식물, 물건, 나라들도 마찬가지야. 개, 장미, 연필,
한국, 미국처럼 모두 이름이 있어. 눈에 보이지 않는 것에도 이름이 있지. 사랑, 우정 같
은 것 말이야. 이 모든 것을 명사라고 해.

사람 이름 : Kim Minsu, Tom, Sally
장소 이름 : Korea, Seoul, New York
물건 이름 : book, ball, car
동물, 식물 이름 : cat, dog, rose, sunflower

명사의 복수형을 만드는 규칙

❶ 명사가 한 개인 것은 단수형, 여러 개인 것은 복수형이라고 해. 복수형일 때, 우리말은 '~들'
을 붙이지? 영어는 s를 붙이면 돼.

apple – apples   cat – cats   car – cars

그런데 다음과 같이 s만 붙이면 안 되는 명사들이 있으니까 꼭 기억해.

❷ s, sh, ch, x, o로 끝나는 명사는 es를 붙여.

bus – buses   watch – watches   dish – dishes

❸ f, fe로 끝나는 명사는 f, fe를 v로 바꾸고 es를 붙여.

knife – knives   leaf – leaves

• ⟨s, sh, ch, x, o⟩로 끝나면 es
• ⟨f, fe⟩로 끝나면 v로 바꾸고 es
• ⟨자음+y⟩로 끝나면 y를 i로 바꾸고 es

❹ 자음+y로 끝나는 명사는 y를 i로 바꾸고 es를 붙여.

baby – babies   lady – ladies

❺ 모양이 완전히 변하는 명사도 있어.

man – men   woman – women   mouse – mice   foot – feet

tooth – teeth   child – children   goose – geese

❻ 복수형일 때, 모양이 변하지 않는 명사도 있어.

sheep – sheep   fish – fish   deer – deer

1 사과를 세어 볼까?

one apple   two (   )   three (   )

2 칫솔을 세어 보자.

one toothbrush   two (   )

3 우엑~! 생쥐 통조림이 있어. 통조림에 써진 글자로 알맞은 것을 모두 골라 봐.

50 mouse   1 mice   1 mouse   50 mice

4 복수형을 만들어 봐.

dog → dogs   flower → (   )   bag → (   )

5 알맞은 복수형에 ○표를 해 봐.

1) box → (boxs   boxs   boxes)

2) watch → (watchs   watches)

3) man → (mans   manes   men)

4) foot → (foots   footes   feet)

5) sheep → (sheeps   sheepes   sheep)

6) child → (childs   childes   children)

알라딘의 요술 램프

알라딘이 램프를 문지르자 '펑' 하는 소리와 함께 램프의 요정이 나타났어.

"What do you want?"

목이 몹시 말랐던 알라딘이 말했지.

"I want a water."

그러자 램프의 요정이 약을 올리면서 말했어.

"주문을 제대로 하셔야죠. 물 한 방울만 드릴까요? 킄킄킄……."

알라딘이 생각했어.

"아! 여러 개라고 해야 하나?"

"I want 100 waters."

그래도 램프의 요정은 아무것도 주지 않고 씨~익 웃고만 있는 게 아니겠어? 바짝 약이 오른

알라딘이 말했어.

"I want QQ!" 난 QQ를 원해!

그러자 램프에서 QQ가 나왔어. 알라딘은 QQ에게 받고 싶은 것을 그려서 보여 줬어.

a water라는 말은
없어요. 물 한 방
울만 드릴까요?
크크

QQ가 말했어.

"물은 셀 수 없으니까 '물 한 잔, 두 잔'이라고 말해야 해."

a glass of water   two [   ] of water

물은 셀 수 없으니까
waters라고 하지 않아.
네가 100 waters라고 해도
물 한 방울도 못 받을걸?

과연 알라딘은 물 두 잔을 받아 낼 수 있을까?

알라딘이 램프의 요정한테 물 두 잔을 받을 수 있도록 [   ]에

들어갈 말을 채워 줘!

 와 함께 이야기 속으로 Go! Go!

 100 waters라고 했을 때, 램프의 요정이 물을 안 준 이유가 뭘까?

물은 셀 수가 없어. water처럼 셀 수 없는 명사는 앞에 a가 올 수도 없고, 뒤에 s를 붙이지도 않아.

a water (×)   waters (×)

100 waters, 1000 waters라고 해도 물을 받을 수 없겠지?

 셀 수 없는 명사를 세는 방법.

알라딘이 물 한 잔을 마시고 싶다고 했더니 QQ가 이렇게 적어 주었어.

I want a glass of water.

물이나 우유는 직접 셀 수는 없지만 '물 한 잔' 또는 '우유 한 컵'으로는 셀 수 있기 때문이야.

a glass of water 물 한 잔   a cup of milk 우유 한 컵

 '물 두 잔'은 어떻게 말할까?

glass에 s를 붙이면 돼. 참, glass는 s로 끝나는 단어니까 es를 붙여야겠지?

2 glass<u>es</u> of water 물 2잔
3 cup<u>s</u> of milk 우유 3컵

❗ 셀 수 없는 명사인 milk에도 water처럼 a를 쓰거나 여럿을 나타내는 s를 붙일 수 없어.
그 대신 1컵, 2컵이라는 표현을 쓸 때 cup 앞에 a를 쓰거나 뒤에 s를 붙인단다.

셀 수 없는 명사에 대해 알려줘, !

명사에는 book, apple처럼 셀 수 있는 명사와 water, sugar처럼 셀 수 없는 명사가 있어. 셀 수 없는 명사는 앞에 a를 쓰지 않고, 뒤에 s를 붙이지도 않아.

셀 수 없는 명사

❶ 이름 : Sam, Tiffany……

이름을 말할 때도 앞에 a를 붙이지 않아. '나'는 세상에서 유일한 한 사람이니까.

I am Sam. (○)   I am a Sam. (×)

> I am QQ. (o)
> I am a QQ. (x)

❷ 잘라지지 않는 것들 : water, milk, juice, oil, air……

water 앞에는 a를 붙일 수 없고, 뒤에 s를 붙일 수도 없어. 만약 "물 좀 주세요"라고 하려면 '조금'이라는 뜻의 some을 붙여서 말하면 돼.

I want some water. 물 좀 주세요.   I want some milk. 우유 좀 주세요.

❸ 알갱이가 너무 작은 것들 : sugar, sand……

> 내 마음이 보이니?

> 아니~

❹ 눈에 보이지 않는 것들 : love, joy, hope, success, life

셀 수 없는 명사 앞엔 much

셀 수 없는 명사 앞에는 many를 붙이지 않고 much를 붙여.

많은 물	많은 돈	많은 눈
many water (x)	many money (x)	many snow (x)
much water (o)	much money (o)	much snow (o)

1 '세 잔의 물'이라고 할 때 에 들어갈 똑같은 알파벳은 뭘까?

three gla  e  of water

2 알맞은 단어에 ○표를 해 봐.

1) two (glass   glasses) of water

2) Three glasses of (water   waters)

3 램프의 요정에게 우유 두 컵을 받아 내도록 하자. 카드를 순서대로 놓아 봐.

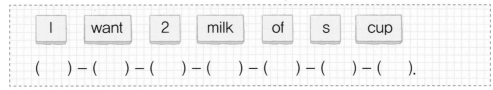

| I | want | 2 | milk | of | s | cup |

(   ) – (   ) – (   ) – (   ) – (   ) – (   ) – (   ).

4 셀 수 없는 단어에 ○표를 해 봐.

love   tiger   mouse   milk   sugar   book   bag   water

5 다음 문장에 맞는 단어가 쓰여 있는 낱말 조각을 찾아 봐.

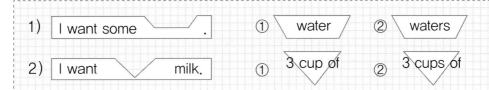

1) I want some _____ .

① water   ② waters

2) I want _____ milk.

① 3 cup of   ② 3 cups of

대장 외계인의 실수

어느 날 외계인들이 탄 UFO가 고장이 나서 지구에 착륙하게 되었어. 우연히 대장 외계인과 마주치게 된 톰은 그를 집으로 데려갔지.

톰은 대장 외계인에게 영어를 가르쳐 주고 싶었어.

그래서 조그만 공을 손에 쥐고 바닥에 튕기면서 말했어.

"This is a ball." 이건 공이야.

그리고 저쪽에 있는 식탁 위에 놓인 계란을 가리키며 말했어.

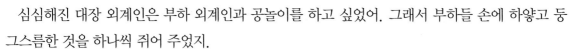

"That is an egg." 저건 계란이야.

다음 날, 톰이 학교에 갔어.

심심해진 대장 외계인은 부하 외계인과 공놀이를 하고 싶었어. 그래서 부하들 손에 하얗고 둥그스름한 것을 하나씩 쥐어 주었지.

"자, 날 따라해 봐!"

대장은 손에 쥐고 있던 것을 바닥을 향해 던졌어. 그런데 그게 튕겨 오르지는 않고 '퍽' 하는 소리와 함께 깨져 버리는 게 아니겠어? 그만 부하들도 모두 대장의 행동을 따라하고 말았지.

대장 외계인이 어쩔 줄 몰라 쩔쩔매고 있을 때, QQ가 나타나서 말했어.

"난 원래 청소를 도와주진 않아. 근데 대장이 [❶]과 [❷]에 들어갈 말을 정확하게 맞히면 청소를 도와줄게."

대장 외계인이 QQ가 낸 문제를 풀도록 도와줘!

[❶] are balls. 이것들은 공이야.

[❷] are eggs. 저것들은 계란이야.

? **대장 외계인에게 this와 that을 가르쳐 주자.**

나랑 가까이에 있는 것을 가리킬 때는 this(이것)라고 하고,

나랑 멀리 떨어져 있는 것을 가리킬 때는 that(저것)이라고 해.

This is a ball. 이건 공이야.

That is an egg. 저건 계란이야.

그런데 대장 외계인은 this와 that이 헷갈렸어.

쯧쯧, 대장 외계인, 영어 공부 좀 해야겠는걸!

 these와 those를 가르쳐 주자.

나랑 가까이 있는 여러 개의 물건을 가리킬 때는 these(이것들)라고 하고,

나랑 멀리 떨어져 있는 여러 개의 물건을 가리킬 때는 those(저것들)라고 해.

가까이에 공이 여러 개 있으면 "These are balls."라고 해야겠지?

these(those)를 쓸 때 주의해야 할 것들

"This is a ball."에서 this만 these로 바꾸면 되지 않느냐고?

그렇지 않아.

공 하나가 여러 개가 되니까 a를 빼고 s를 붙여서 balls로 바꾸고, be 동사 is를 are로 바꾸어야 하기 때문이지.

This is a ball. → These are balls.

연필을 빌리고 싶을 때, "연필 좀 빌려 줄래?"라고도 말하지만, 손으로 가리키면서 "그것 좀 빌려 줄래?"라고도 하지? 연필이라는 이름이 있지만, 대신 그것이라고 한 거야. 이렇게 명사 대신 부르는 말을 대명사라고 해.

지시대명사

'이것, 저것, 이것들, 저것들'처럼 무언가를 가리키는 것을 조금 어려운 말로 지시한다고 하잖아? 그래서 그런 대명사를 지시대명사라고 해.

가까운 것을 가리키는 대명사		멀리 있는 것을 가리키는 대명사		이미 가리켰던 물건을 말하는 대명사	
this(단수) : 이것	these(복수) : 이것들	that(단수) : 저것	those(복수) : 저것들	it(단수) : 그것	they(복수) : 그것들

  this   that

  these   those

this, that, these, those로 물으면 대답은 어떻게 할까?

this, that, these, those로 묻는 말에는 it이나 they로 대답해. 질문할 때 이미 가리켰던 물건이기 때문이지.

질 문	대 답
What is this?	It is a book.
What is that?	It is a desk.
What are these?	They are books.
What are those?	They are desks.

1

그림을 보고 알맞은 단어에 ○표 해봐.

❶ (this, that)　　　❷ (this, that)

2

톰은 저쪽 식탁 위에 있는 계란을 가리키며 "저건 계란이야."라고 말했어. (　　)에 들어갈 알맞은 단어를 써 봐.

(　　　) is an egg.

3

QQ가 쭈그리고 앉아서 깨진 계란들을 보며 "이것들은 계란이야."라고 말했어.
(　　)에 들어갈 알맞은 단어에 ○표 해 봐.

[　　　　] are eggs.

[This　　That　　These　　Those]

4

QQ가 먼 곳에 있는 바구니에 든 공들을 가리키며 "저것들이 공이야."라고 말했어.
(　　)에 들어갈 알맞은 단어에 ○표 해 봐.

[　　　　] are balls.

[This　　That　　These　　Those]

5

다음 날, 외계인은 또 공놀이를 하고 싶었어. 이번엔 실수를 하지 않겠다는 생각에 공처럼 생긴 것을 들고 톰에게 물었어. 외계인과 톰의 대화를 완성해 봐.

What is (　　　　　　)?

(　　　　　) is an egg.

밸런타인데이 이벤트

엘리스가 토끼 아저씨를 쫓아 이상한 나라로 갔어. 때마침 거기서 밸런타인데이 이벤트가 시작될 거래. 사회자는 토끼 아저씨였지. 토끼 아저씨가 말했어.

"남자 친구 얼굴을 그리고 영어로 설명하세요. 그러면 초콜릿을 준답니다."

엘리스는 같이 간 남자 친구를 정성스럽게 그리고서 이렇게 썼어. '그'가 영어로 he라는 건 잘 알고 있었거든.

He is handsome. 그는 잘생겼어요.
I am he friend. 나는 그의 여자 친구예요.
I like he. 나는 그를 좋아해요.

그런데 토끼 아저씨가 초콜릿을 주지 않는 거야. 엘리스는 꼭 초콜릿을 받고 싶었어.

"도와줘, QQ."

QQ는 틀린 단어에 ✕ 표시를 해 주었어.

Ⓗⓔ is handsome.
I am ꭗ꭫ friend. → I am [   ] friend.
I like ꭗ꭫. → I like [   ].

그러고는 이렇게 말했지.

"영어로는 그, 그의, 그를이 모두 달라. 그러니까 잘 생각해 봐."

엘리스가 초콜릿을 선물할 수 있도록 도와줘!

모두 다 he라고 써 버렸네. 그럼 초콜릿을 줄 수가 없는데……

VALENTINE EVENT

와 함께 이야기 속으로 Go! Go!

 엘리스가 쓴 답이 모두 틀렸을까?

아니야. 하나는 맞았어. 바로 "He is handsome."이지.

영어에서 '나는'은 I, '너는'은 you, '그 남자는'은 he, '그 여자는'은 she, '우리들은'은 we, '너희들은'은 you, '그 사람들 혹은 걔네들은'은 they라고 해.

"그는 잘생겼어요."라고 쓰려면 '그는'이니까 he를 쓰면 돼.

 QQ는 왜 나머지 he에 ×표시를 했을까?

I am ~~he~~ friend. 나는 그의 친구예요.　　　I like ~~he~~. 나는 그 아이를 좋아해요.

우리말로는 그 아이의(그의), 그 아이를(그를)이라고 말할 때 '의'나 '를'이 붙었지? 영어에는 이런 '의'나 '를' 같은 말이 없어. 대신에 모양이 완전히 바뀐단다.

그 아이가 남자이면 그의 → his, 그를 → him

그 아이가 여자이면 그녀의 → her, 그녀를 → her　 ◁ '그녀의'는 '그녀를'과 똑같아.

그러니까 이렇게 고쳐야 해.

I am his friend. I like him.

궁금해 **'나의, 너의, 우리의, 그들의'는 어떻게 말할까?**

토끼 아저씨가 엘리스의 남자 친구에게 이름을 물어봤어.

What's your name? 네 이름이 뭐니?

My name is Danny. 제 이름은 대니예요.

'나의'는 my, '너의'는 your, '우리의'는 our, '그들의'는 their라고 하면 돼.

Our cat is brown. 우리 고양이는 갈색이야.

They are their notebooks. 그것들은 그들의 공책이야.

인칭대명사에 대해 알려줘, 👀👀!

사람 대신에 쓰는 대명사를 인칭대명사라고 해. 여기서 인은 '사람 인(人)'이야. 내 이름 대신 '나', 네 이름 대신 '너', 그 아이의 이름 대신 '걔'나 '쟤'라고 하지? 영어에도 사람 이름 대신 쓰는 말이 있어.

인칭대명사는 어떻게 사용하느냐에 따라서 모양이 변한다

주격(~은/는/이/가)	소유격(~의)	목적격(~을/를)
I 나는	my 나의	me 나를
you 너(희)는	your 너(희)의	you 너(희)를
he 그는	his 그의	him 그를
she 그녀는	her 그녀의	her 그녀를
it 그것은	its 그것의	it 그것을
we 우리는	our 우리의	us 우리를
they 그들은	their 그들의	them 그들을

주격, 소유격, 목적격이 뭐예요?

주격은 우리말로 '~은, 는, 이, 가'라는 뜻을 갖는 것을 말해. '~의'라는 뜻을 갖는 것을 소유격(가지고 있다는 뜻)이라 하고, '~을/를'이라는 뜻을 갖는 것을 목적격이라고 해.

<u>We</u> love <u>them</u>. 우리는 그들을 사랑한다.   <u>They</u> love <u>us</u>. 그들은 우리를 사랑한다.
주격   목적격   주격   목적격

I love you. 여기서 you는 목적격이야

'I love you'는 '나는 너를 사랑해'라는 뜻이야. 분명히 '너를'인데 왜 똑같은 you를 쓰느냐고? 이때의 'you'는 '너는'이 아니라 '너를'이라는 뜻이야. '너는'과 '너를'은 똑같이 you거든.

<u>You</u> are so handsome.   I love <u>you</u>.
너는[주격]   너를[목적격]

1 엘리스의 남자 친구는 잘생겼대. "그는 잘생겼어요."라는 문장을 완성해 봐.

(　　) is handsome.

2 "나는 그의 친구예요."라는 뜻이 되도록 (　)에 들어갈 단어를 골라서 ○표 해 봐.

I am (　　) friend.

[he　　him　　he's　　his]

3 "나는 그를 좋아해요."라는 뜻이 되도록 (　)에 들어갈 단어를 골라서 ○표 해 봐.

I like (　　).

[he　　him　　he's　　his]

4 이번엔 토끼 아저씨가 엘리스의 남자 친구에게 이렇게 물었어. 다음 대화를 완성해 봐.

What's _____ name? 이름이 뭐니?

_____ name is Danny. 제 이름은 대니예요.

5 다음 문장에 알맞은 단어에 ○표 해 봐.

1) (I, my, me) am Alice.

2) I love (you, your).

3) We love (they, their, them).

4) (We, Our, Us) cat is black.

5) They are (they, their, them) shoes.

소유대명사

신데렐라의 유리 구두

왕자와 춤을 추던 신데렐라는 12시가 되자 황급히 궁전을 빠져나왔어. 그런데 계단을 내려오다 유리 구두 한 짝을 잃어버렸지 뭐야.

구두를 발견한 왕자는 병사들에게 구두의 주인을 찾아오라고 명령했어. 병사들은 주인을 찾아 마을 이곳저곳을 돌아다녔지. 그러다 신데렐라의 집까지 오게 되었어. 병사가 유리 구두의 주인이 왕자와 결혼을 하게 될 거라고 말하자 두 언니의 눈이 번뜩였어.

병사가 말했어.

"Whose **shoe is this**?" 이건 누구의 신발인가요?

신데렐라의 두 언니는 동시에 그 구두가 자기 구두라며 호들갑을 떨었어.

"It's my shoe." 그건 내 구두예요.

"No, it's my shoe." 아니에요. 그건 내 구두예요.

마음 착한 신데렐라는 구두도 못 신어 볼 참이었어.

보다 못한 QQ가 신데렐라에게 다가가서 메모지에 무언가를 쓰더니 보여 줬어.

영어가 서툰 신데렐라가 난처한 표정을 짓자 QQ가 다시 메모지에 적어서 보여 줬어.

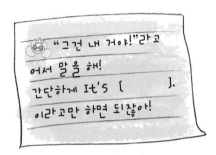

"그건 내 거야!"라고
어서 말을 해!
간단하게 It's [   ].
이라고만 하면 되잖아!

It's not yours.

No, it is mine.

자, 힌트를 줄 테니, 다음 중에서 하나만 골라.

[mine   yours   his   hers   theirs]

신데렐라가 왕자와 결혼할 수 있도록 도와줘!

 신데렐라 언니들이 자기 구두라고 우기다니. 정말 너무하는 거 아니야?

병사가 "Whose shoe is this?"라고 물었어. shoe 앞에 whose(누구의)를 붙이면 누구의 구두라는 뜻이 되거든.

내 구두는 shoe 앞에 '나의'라는 뜻의 my를 붙여서 my shoe라고 하면 돼. 언니들은 계속 "It's my shoe."라고 거짓말을 한 거지.

 '그건 내 거야.'

QQ가 "그건 내 신발이야." 대신 "그건 내 거야."라고 하라고 했지?

"It's my shoe."를 줄여서 "It's mine."이라고 하면 돼.

It's mine! 쓸 일이 많을 테니 꼭 외워 둬!

'너의 것'은 뭐라고 말할까?

'너의 것'은 yours라고 하면 돼. 다른 것들도 알아볼까?

mine 나의 것 / yours 너(희)의 것 / his 그의 것 / hers 그녀의 것
ours 우리의 것 / theirs 그들의 것

mine과 his를 빼고는 모두 '~의'라는 뜻을 갖는 소유격에 s만 붙이면 돼.

소유대명사에 대해 알려줘, !

'내 것, 너의 것, 톰의 것'처럼 '~의 것'이라는 말을 소유대명사라고 해. my shoe는 '나의 구두'라는 뜻이지? 간단하게 mine(내 것)이라고 할 수 있어. 소유를 나타내는 말을 대신하는 명사라서 소유대명사라고 부르지.

소유대명사는 어떻게 만들까?

mine(나의 것)과 his(그의 것)를 빼고는 '~의'를 뜻하는 소유격에 s만 붙이면 돼.

your 너의 + s	→	yours 너의 것
her 그녀의 + s	→	hers 그녀의 것
our 우리의 + s	→	ours 우리의 것
their 그들의 + s	→	theirs 그들의 것

단, my(나의) → mine(나의 것), his(그의) → his(그의 것)은 따로 외워 두어야겠지?

톰의 것은 Tom's

'톰의 모자'를 '톰의 것'이라고 하려면 어떻게 할까? '모자'를 없애고 톰 뒤에 's를 붙이기만 하면 돼. 정말 간단하지?

Tom's hat 톰의 모자 → Tom's 톰의 것

Danny's book 대니의 책 → Danny's 대니의 것

소유대명사를 사용해서 질문하고 답하기

병사가 신데렐라의 언니에게 이런 질문을 했다면 언니는 어떻게 대답했을지 살펴보도록 하자.

❶ 신발을 신어 보기 전.

 Is this yours? 이것이 당신 것입니까?

 Yes, it's mine. 네, 제 거예요.

❷ 신발을 신어 보고 나서.

 Is this yours? 이것이 당신 것입니까?

 No, it's not mine. 아니요, 제 것이 아니에요.

1 신데렐라의 첫째 언니가 "그건 내 구두예요."라고 말했어.

(   )에 들어갈 표현을 골라 봐.

It's (   ).

[I shoe   my shoe   me shoe]

2 둘째 언니는 다급하게 "아니요, 그건 내 거예요."라고 말했어.

(   )에 들어갈 알맞은 말을 써 봐.

No, it's (   ).

3 신데렐라의 언니한테 구두가 맞지 않자, 이 구두가 누구의 구두냐고 병사가 다시 물었어. (   )에 들어갈 알맞은 말은 뭘까?

(   ) shoe is this?

4 결국 병사는 구두의 주인이 신데렐라인 것을 알게 되었어. 병사는 "그 구두가 당신 것이군요."라고 말했어. 빈칸에 들어갈 말은 뭘까?

It's (   ).

[you   your   yours   your's]

5 구두를 신어 보고 난 후 병사의 질문에 신데렐라의 언니는 뭐라고 했을까? 빈칸에 들어갈 단어 하나를 써 봐.

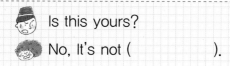

Is this yours?

No, It's not (   ).

be 동사

네로의 편지

네로는 파트라슈라는 개와 함께 할아버지 집에서 살고 있었어. 그러던 어느 날 아로아라는 여자아이와 친구가 되었지.

하루는 네로가 아로아에게 편지를 썼어.

> 나는 행복해.
> 너는 나의 가장 좋은 친구야.
> 파트라슈(Patrashue)는 귀여워.

영어에 자신이 없던 네로는 일단
이렇게 쓰고는 할아버지께 보여 드렸어.

> I am happy.
> You am my best friend.
> Patrashue am cute.

그러자 할아버지가 이렇게 말씀하셨어.

"어이쿠, 이런. 아로아는 똑똑한 남자 친구를 좋아할 텐데. QQ, 우리 네로를 좀 도와주렴."

그러자 QQ가 나타나서 메모지에 ×표시 두 개를 해 놓았어.

> I am happy.
> You ~~am~~ my best friend.
> Patrashue ~~am~~ cute.

> '~는'이라고 할 때 무조건
> am을 쓰면 안돼!
> am, are, is 중에서
> 알맞은 것을 골라서 넣어야지!

 네로가 외우고 있는 영어 문장, I am happy.

네로가 가장 자신 있게 외우는 문장은 "I am happy.(나는 행복해.)"야. I 다음에 am이 오니까 You나 Patrashue 다음에도 am을 쓰면 되는 줄 알았던 거야.

 QQ는 왜 나머지 두 개의 am에 ×표시를 했을까?

영어에서는 '~이다, ~에 있다, 어떠하다'라고 할 때 be 동사란 것을 사용해. be 동사는 am, are, is야. am은 I 뒤에, are는 you, we, they 뒤에, is는 he, she, it 뒤에 와.

I am happy. 나는 행복해.

You are my best friend. 너는 나의 소중한 친구야.

Patrashue is cute. 파트라슈는 귀여워.

 파트라슈는 귀엽지 않다?

할아버지는 잠자고 있는 파트라슈를 보자 장난기가 발동했어.
'허허, 이것 봐라. 자기보다 덩치가 큰 개를 귀엽다고?'
할아버지는 "파트라슈는 귀엽지 않다."라고 문장을 고쳤어.

Patrashue is not cute.

'~이 아니다, ~에 있지 않다, ~하지 않다'라고 할 때는
be 동사 다음에 not을 붙이기만 하면 돼.

is not을 줄여서 isn't라고도 하지.

파트라슈가
안 귀여운가?

줄여 쓰는 표현		
I am not	→	I'm not
He / She / It is not	→	He / She / It isn't
You / We / They are not	→	You / We / They aren't

be 동사에 대해 알려줘, ◯◯!

영어는 순서가 매우 중요해. 그래서 주어(I, You, We……) 다음에 꼭 동사(play, walk 등 움직임을 나타내는 말)가 온다는 규칙이 있어. 여기서 '동'은 한자어로 '움직일 동(動)'이야. 그런데 '기쁘다, 즐겁다, 귀엽다'는 움직임을 나타내는 말이 아니잖아. 그래서 am, are, is라는 상태를 나타내는 be 동사를 만들었어.

주어에 따라 달라지는 be 동사

1인칭	I am
	we are
2인칭	you are
3인칭	he is
	she is
	it is
	they are

줄여 쓰는 표현들

I am	→	I'm
You are	→	You're
We are	→	We're
He is	→	He's
She is	→	She's
It is	→	It's
They are	→	They're

I am happy. 나는 행복하다.

나를 나타내는 주어인 I, 기쁜 '상태'를 나타내니까 I 뒤에 오는 be 동사 am, 그리고 기쁘다는 뜻인 형용사 happy를 썼어.

I am not QQ.

그럼 넌 누구냐?

be 동사 부정문 만들기

그렇다면 "나는 행복하지 않다."는 어떻게 말할까? be 동사 뒤에 not을 붙이면 돼. 이렇게 '~하지 않다'라는 문장을 부정문이라고 해.

I am not happy. 나는 기쁘지 않다.

I	am	hungry. 나는 배고프다.	↔	I	am	not	hungry. 나는 배고프지 않다.	
You	are	kind. 너는 친절하다.	↔	You	are	not	kind. 너는 친절하지 않다.	
He	is	handsome. 그는 잘생겼다.	↔	He	is	not	handsome. 그는 잘생기지 않았다.	
She	is	pretty. 그녀는 예쁘다.	↔	She	is	not	pretty. 그녀는 예쁘지 않다.	
We	are	tired. 우리는 피곤하다.	↔	We	are	not	tired. 우리는 피곤하지 않다.	
They	are	tall. 그들은 키가 크다.	↔	They	are	not	tall. 그들은 키가 크지 않다.	

1 네로의 카드에 틀린 단어들이 있었어. ✕표시가 된 단어들을 바르게 고쳐 봐.

1) You ~~am~~ my best friend. → (   )

2) Patrashue ~~am~~ cute. → (   )

2 할아버지가 "파트라슈는 귀엽지 않다."라고 고쳐 놓았어. ▢에 들어갈 말을 골라 봐.

보기 is no   is not

Patrashue ~~am~~ cute.
▢

3 위 문장을 줄여서 바르게 쓴 것에 ○표 해 봐.

Patrashue (isnot   isnt   isn't   iso't) cute.

4 빈 칸에 be 동사 'am, are, is' 중 알맞은 것을 골라서 써 봐.

1) We _____ happy.   2) I _____ John.

3) He _____ a teacher.   4) You _____ smart.

5 다음 문장을 '~이 아니다'라고 부정문으로 만들려고 해.

not이 들어갈 곳에 √표시를 해 봐.

1) I am hungry.

2) You are pretty.

3) She is sleepy.

후크 선장과 앵무새

어느 레스토랑 주인이 앵무새 한 마리를 키우고 있었어. 주인은 앵무새에게 "Yes, I am."이라는 말을 가르쳤어. 그리고 앵무새 밑에는 이렇게 써 놓았어.

"Are you hungry?" 라고 물어보세요. 그러면 대답을 한답니다.

손님들이 물어보면 잘도 대답했어.

"Are you hungry?" 너 배고프니?

"Yes, I am." 네, 그래요.

그리고는 손님들이 던져 주는 모이를 받아먹었지.

어느 날 주인은 "Yes, he is."라는 말을 연습시켰어.

잠시 후 주인은 아주 못생긴 손님을 데리고 왔어. 그 손님은 후크 선장이었어. 후크 선장은 잘 생겼다는 말을 세상에서 제일 좋아했어. 주인은 후크 선장을 가리키면서 앵무새에게 물었어.

"Is he handsome?"

앵무새는 거짓말을 하고 싶지 않았어.

그런데 주인은 "아니요."라는 말을 가르쳐주지 않았어.

답답해진 앵무새는 QQ를 불렀어.

QQ가 카드 한 장을 들고 나타나서 이렇게 말했어.

"No, he ☐☐☐☐☐ ."라고 하면 돼."

QQ가 들고 있던 카드는 무엇일까?

① is no ② is ③ isn't

Is he handsome?

No, he ☐☐☐☐ .

내가 분명히 "Yes, he is."라고 대답하라고 가르쳤는데.

 왜 레스토랑 주인은 "Yes, I am."이라는 말을 가르쳤을까?

손님들이 앵무새에게 "Are you hungry?"라고 물어보면 "Yes, I am.(네, 그래요)"이라고 대답하도록 연습을 시킨 거지. 그래야 먹이를 줄 테니까.

Are you hungry?

Yes, I am. 네, 그래요.　　**No, I'm not.** 아니요, 그렇지 않아요.

 QQ가 준 카드로 대답을 만들어 봐.

레스토랑 주인이 앵무새에게 "Is he handsome?"이라고 물었지?

He　　is handsome. 그는 잘생겼다.

Is　　he handsome? 그는 잘생겼니?

이렇게 be 동사(am, are, is)가 있는 문장을 물어보는 말로 바꿀 땐, be 동사만 맨 앞으로 빼면 되는 거야. 정말 간단하지?

대답은, 맞으면 'Yes, 주어 + be 동사'

　　　　　아니면 'No, 주어 + be 동사 + not'이라고 하면 돼.

앵무새가 솔직하게 대답하려면 어떻게 해야 할지 이젠 알겠지?

No, he is not. 이때, is와 not을 줄이면 isn't가 되니까 "No, he isn't."라고 하면 되는 거야.

'가 도대체 뭘까?

is not → isn't

not에서 o가 사라졌지? 알파벳이 사라진 자리에 '를 쓴단다.
우리말로 '어퍼스트로피'라고 해.

be 동사 의문문에 대해 알려줘, !

be 동사가 주어 앞에 오면 물어보는 말이 돼. 이런 문장을 be 동사 의문문이라고 하지.
대답할 때도 be 동사를 사용하면 돼.

be 동사로 묻고 답하기

Are you sleepy? 너 졸리니?

Yes, I am. 응, 그래.

No, I'm not. 아니, 안 그래.

Is he tall? 그는 키가 크니?

Yes, he is. 응, 그래.

No, he isn't. 아니, 안 그래.

Are they angry? 걔네들이 화났니?

Yes, they are. 응, 그래.

No, they aren't. 아니, 그렇지 않아.

질 문	대 답	
Am I ……?	Yes, you are.	No, you aren't.
Are you ……?	Yes, I am.	No, I'm not.
Is he/she/it ……?	Yes, she/he/it is.	No, she/he/it isn't.
Are we ……?	Yes, you are.	No, you aren't.
Are you ……?	Yes, we are.	No, we aren't.
Are they ……?	Yes, they are.	No, they aren't.

1 손님들은 앵무새에게 먹이를 주기 전에 항상 "너 배고프니?"라고 물었어. 다음을 이용해서 ( )에 들어갈 알맞은 말을 써 봐.

2 앵무새가 배가 고프지 않을 땐 "아니요, 그렇지 않아요."라고 대답해야겠지? 알맞은 대답에 ○표 해 봐.

No, I am. ( )　　　I not am. ( )　　　No, I'm not. ( )

3 레스토랑 주인이 앵무새에게 "이 사람이 잘 생겼니?"라고 물었어. 다음 카드를 이용해서 레스토랑 주인의 말을 완성해 봐.

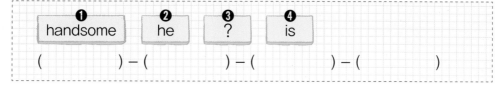

4 앵무새가 QQ의 도움으로 "아니요."라는 대답을 하자 주인이 앵무새의 머리를 톡! 때렸어. 그 모습을 본 후크 선장이 앵무새에게 물었어.

"Is he kind?" 그는 친절하니?

앵무새의 대답을 골라 봐.

① No, he is.　　② No, he isn't.

날씬해진 살로만 공주

뚱뚱한 몸매 때문에 고민하던 살로만 공주를 위해 충성스러운 신하가 신비의 약을 구해 왔어.

"한 모금만 마시면 하루 동안 아주 날씬해지는 약이랍니다."

공주는 날씬해지려는 욕심에 한 병을 단숨에 꿀꺽꿀꺽 들이켰어. 그러자 공주가 말라깽이로 변한 게 아니겠어?

거울을 본 공주는 삐쩍 마른 자신의 모습이 무척 아름다워 보였어. 그래서 사진을 붙여서 이웃 나라 왕자에게 편지를 보냈지.

I was fat. 난 뚱뚱했어요.
I was ugly. 난 아름답지 않았어요.

I am thin. 난 말랐어요.
I am beautiful. 난 아름다워요.

편지를 받아 본 왕자는 깜짝 놀랐어. 왕자는 뚱뚱한 모습을 좋아했기 때문이지. 그래서 예전의 모습이 더 아름다웠다고 편지를 보내고 싶었는데, 어떻게 써야 할지 몰랐어.

"도와줘, QQ!"

QQ는 왕자에게 다음과 같은 힌트가 적힌 종이를 건네주었어. (　　) 안에 어떤 단어가 들어가 야 할까?

You were fat. 당신은 뚱뚱했어요.
You (　　) beautiful. 당신은 아름다웠어요.
You are thin. 당신은 말랐어요.
You (　　) (　　) beautiful. 당신은 아름답지 않아요.

 살이 쏙 빠진 살로만 공주

"나는 뚱뚱하다."가 아니라 "나는 뚱뚱했었다."라고 썼어.

I am fat. 나는 뚱뚱하다.(지금)

I was fat. 나는 뚱뚱했었다.(과거)

두 문장의 차이는 am과 was야.

이렇게 "나는 예전에 ~했었다."라고 지나간 일을 말할 땐 am을 was로 바꿔 주기만 하면 돼.

이때 was를 am의 과거형이라고 해.

 왕자가 메모지의 빈칸을 어떻게 채워야 공주가 다시 살을 찌울까?

동화 속 왕자들은 보통 "You are beautiful.(당신은 아름다워요.)"라고 하잖아.

그런데 왕자는 "당신은 아름다웠었어요."라고 쓰고 싶었어.

예전의 일을 말하기 위해 are의 과거형을 써야 하겠지?

are의 과거형은 뭐냐고? 그건 were야.

그러니까 "You were beautiful."이라고 쓰면 돼.

궁금해 **am의 과거형은 was, are의 과거형은 were라고 했어. 그렇다면 is의 과거형은 뭘까?**

is의 과거형은 was야. am의 과거형과 똑같지?

He is kind. 그는 친절하다. → He was kind. 그는 친절했다.

be 동사 현재형	
I	am
He / She / It	is

→

be 동사 과거형	
I	was
He / She / It	

be 동사 현재형	
You / We / They	are

→

be 동사 과거형	
You / We / They	were

be 동사의 과거형에 대해 알려줘, !

be 동사는 am, are, is라고 했지? be 동사는 지난 일을 이야기할 때 모양이 바뀌어. am 과 is는 was로, are는 were로 말이야. 이걸 be 동사의 과거형이라고 해.

be 동사 과거 의문문 만들기

공주에게 '너 뚱뚱했었니?'라고 물으려면 어떻게 할까?

be 동사 과거형을 맨 앞으로 가져오기만 하면 돼.

날씬해진 살로만 공주가 파티를 열어 이웃 나라 공주들을 초대했어.
그리고 옷장에 가득한 예쁜 옷들을 자랑했지. 그런데 이웃 나라 공주 한 명이 구석에 걸려 있는 아주 커다란 바지 하나를 발견했어. 그러고는 짓궂게 물었어.

Were you fat? 너 뚱뚱했었니?

얼굴이 빨개진 공주는 아주 조그맣게 대답했어.

Yes, I was. 응.

현 재	과 거
I am happy. 난 행복해.	I was happy. 나는 행복했어.
You are kind. 너는 친절하다.	You were kind. 넌 친절했어.
We are angry. 우린 화가 났어.	We were angry. 우린 화가 났었어.
He is sleepy. 그는 졸려.	He was sleepy. 그는 졸렸어.
She is hungry. 그녀는 배고파.	She was hungry. 그녀는 배고팠어.
They are tired. 그들은 피곤해.	They were tired. 그들은 피곤했어.

1 살로만 공주가 뚱뚱했던 사진을 보며 이렇게 말했어. ( ) 안에 공통으로 들어갈 알맞은 be 동사의 과거형을 써 봐.

1) I ( ) fat. 난 뚱뚱했었어.

2) I ( ) ugly. 난 못생겼었어.

*ugly : 못생긴

2 살로만 공주가 신비의 약을 먹고 살이 쏙 빠졌어. 사진을 찍고는 이렇게 말했지. ( ) 안에 들어갈 알맞은 be 동사의 현재형을 써 봐.

1) I ( ) thin. 나는 말랐어.

2) I ( ) beautiful. 나는 아름다워.

3 왕자는 살로만 공주의 살빠진 모습에 실망하고 이렇게 말했어. ( ) 안에 들어갈 알맞은 be 동사의 현재형을 써 봐.

1) You ( ) thin. 당신은 말랐어요.

2) You ( ) ugly. 당신은 못생겼어요.

4 파티에 온 이웃 나라 공주가 살로만 공주의 방에서 옛날 사진을 보았어. 그러고는 짓궂게 물었지. 다음 대화를 완성해 봐.

( ) you beautiful? 너 예뻤었니?

Yes, I ( ). 응.

일반 동사

엄친아의 하루 일과

어느 날 엄친아가 영어로 하루 일과표를 만들었어. 엄마는 대견스러워하며 시간표를 보았지.

```
7:30   I get up.
8:30   I go to school.
4:30   I play computer games.
7:00   I watch TV.
```

엄마는 갑자기 얼굴이 붉그락푸르락해지더니 큰 소리로 꾸중을 하셨어.

"아니, 시간표에 게임하고 TV 보는 시간만 있는 거야?"

당황한 엄친아가 꾀를 내었어.

"아니, 아니요. 계획표에 글자가 하나 빠진 거예요. 게임을 안 하고, 컴퓨터를 안 한다고 쓴다는 게 그만……."

얼떨결에 말하기는 했지만 어떻게 고쳐야 할지 몰랐어. 그래서 QQ를 불렀지.

"도와줘, QQ!"

QQ가 나타나더니 말했어.

"엄마를 속이는 것은 나쁜 일이지만 앞으로 열심히 공부한다고 하니 이번만 도와주도록 하지."

QQ는 (don't) 스티커를 하나 주었어. 어디에 붙이면 될까?

🔍-🔍와 함께 이야기 속으로 Go! Go!

 시간표를 엄마 마음에 들게 고치려면 어떤 단어를 넣어야 할까?

엄마는 시간표를 보고 왜 화가 났을까?

4시 30분에는 "I play computer games.(나는 컴퓨터 게임을 한다.)"

7시에는 "I watch TV.(나는 TV를 본다.)"

라고 쓰여 있었어.

시간표에 컴퓨터 게임하는 것과 TV 보는 것만 있으니까 엄마가 화가 날 만도 하지?

> 4:30   I play computer games.
>
> 7:00   I watch TV.

이제 "컴퓨터 게임을 한다."를 "컴퓨터 게임을 하지 않는다."로 고쳐야 해.

 '~하지 않는다'로 고치려면 동사 앞에 don't

'나는 ~한다'를 '나는 ~하지 않는다'로 고치려면 동사 앞에 don't를 넣으면 돼.

I   play computer games. 나는 컴퓨터 게임을 하지 않는다.

I   watch TV. 나는 TV를 보지 않는다.

do not의 줄임말은?

답은 don't야. do는 '하다'라는 뜻을 가지고 있고, not은 '않는다'라는 뜻을 가지고 있으니 '하지 않는다'란 뜻이지. do와 not을 붙이고, not의 o를 빼고 그 자리에 '를 써. 그래서 don't가 된 거야.

일반 동사에 대해 알려줘, !

'~하다'라는 움직임을 나타내는 말을 일반 동사라고 해.

get, go, play, watch는 모두 움직임을 나타내는 일반 동사야. 엄친아가 시간표에 쓴 것 같이, 습관처럼 평소에 하는 일을 말할 땐 일반 동사 현재형을 쓰면 돼.

꼭 알아 두어야 할 일반 동사들

buy	사다	call	부르다	clean	청소하다	cook	요리하다	dance	춤추다
drink	마시다	drive	운전하다	enjoy	즐기다	fly	날다	go	가다
give	주다	hate	싫어하다	have	가지다	hear	듣다	help	돕다
know	알다	like	좋아하다	look	보다	love	사랑하다	make	만들다
sing	노래하다	sleep	자다	stand	서다	study	공부하다	sit	앉다
draw	그리다	get	받다	hope	원하다	meet	만나다	see	보다

나는 ~하지 않는다. : I don't + 동사 원형

"나는 사과를 좋아한다."는 "I like apple."

그런데 사과를 좋아하지 않는다면?

don't만 있으면 돼. 동사 앞에 don't를 붙이면 '나는 ~하지 않는다'라는 말이 되는 거야. 주어가 You, We, They일 때도 마찬가지야.

	좋아한다	좋아하지 않는다
I	I like apples.	I don't like apples.
You	You like apples.	You don't like apples.
We	We like apples.	We don't like apples.
They	They like apples.	They don't like apples.

> 단, 주어가 he, she, it일 때는 doesn't를 써. 그 뒤에 동사의 원형이 오는데 나중에 자세히 알려 줄게.

1 엄친아가 처음 만든 시간표를 보고 (   )에 들어갈 알맞은 일반 동사에 ○표 해 봐.

I (   ) computer games. 나는 컴퓨터 게임을 한다.

[play   plays   don't play   doesn't play]

2 (   )에 들어갈 알맞은 일반 동사를 골라 봐.

I (   ) TV. 나는 TV를 본다.

[watch   watched   watches   watching]

3 엄친아는 ⟨don't⟩ 스티커를 어디에 붙여야 할까?

I ❶ play ❷ the ❸ piano. 난 피아노를 치지 않는다.

4 엄친아는 "나는 TV를 본다."를 "나는 TV를 보지 않는다."로 고쳤어. 엄친아가 어떻게 고쳤을지 다음 단어들을 잘 나열해 봐.

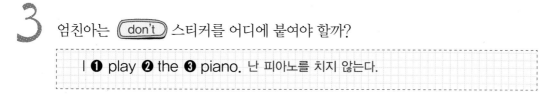

(   ) – (   ) – (   ) – (   )

5 다음 밑줄에 알맞은 문장을 써 봐.

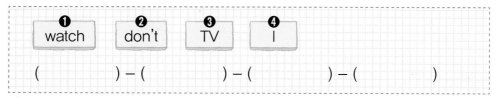

They like comic books. 그들은 만화책을 좋아한다.

_____. 그들은 만화책을 좋아하지 않는다.

청개구리들의 낙서

청개구리 삼형제인 왕눈이, 짝눈이, 실눈이는 모두 초롱이를 좋아해.

하루는 왕눈이가 벽에 이렇게 낙서를 했어.

왕눈 like 초롱.

그러자 짝눈이와 실눈이가 왕눈이에게 말했어.

"낙서가 틀렸잖아. like 뒤에 s를 붙여 줘야 해."

짝눈이와 실눈이가 벽에 이렇게 썼어.

짝눈 likes 초롱.

실눈 likes 초롱.

낙서를 마친 순간, 삼형제는 저 멀리 걸어가고 있는 초롱이를 보았어. 그런데 초롱이가 껌을 바닥에 '퉤!' 하고 뱉는 게 아니겠어?

그 모습을 본 왕눈이는 마음이 바뀌었어. 그래서 이렇게 썼어.

왕눈 don't likes 초롱.

그러자 QQ가 나타나서 이렇게 말했어.

"세상에 이런 말은 없어. 힌트를 하나 줄게. don't에는 알파벳 두 개가 더 들어가고 likes에서는 알파벳 하나가 빠져야 해."

도대체 어떤 글자를 넣고 빼라는 걸까?

와 함께 이야기 속으로 Go! Go!

 짝눈이와 실눈이는 왜 like에 s를 붙였을까?

"나는 너를 좋아해."는 "I like you."야. 그런데 왜 "왕눈 likes 초롱."에서는 likes라고 해야 할까?

주어가 he, she, it이나 이름이면 일반동사 뒤에 s를 붙여야 하기 때문이야. he, she, it을 3인칭

단수라고 해. 나는 1인칭, 너는 2인칭이야. '나, 너, 우리 혹은 너희'가 아닌 것은 모두 3인칭이야.

'왕눈', '짝눈', '실눈'과 같이 다른 사람의 이름도 모두 3인칭이지.

왕눈 like 초롱.(×) → 왕눈 likes 초롱.(○)

 그럼 don't를 어떻게 바꿔야 할까?

왕눈이는 '나는 ~하지 않는다'라고 할 땐 동사 앞에 don't를 넣는다는 걸 알고 있었어. 그래서

"왕눈 don't likes 초롱."이라고 고쳤지.

하지만 틀렸어.

'왕눈'은 3인칭 단수잖아? 그래서 do가 does로 바뀌는 거야. does not을 줄여서 doesn't 라고

하지. 그 대신 likes에 붙였던 s는 빼는 거야.

그래서 "왕눈 doesn't like 초롱."이라고 해야 해.

doesn't like에서 likes가 아닌 이유

do에 es를 붙여 does가 되었지? 이미 3인칭 단수 동사가 나왔기 때문에 뒤에 오는 like는
원래의 모습(원형)이 된 거야.

일반 동사 부정문		주어가 3인칭 단수일 때 부정문	
I		He	
You	do not	She	does not
We	(=don't)	Sally	(=doesn't)
They	like apples.	Danny	like apples.

* 주어 : 문장의 주인이 되는 말. 우리말로는 '~은/는/이/가'.

3인칭 단수 동사에 대해 알려줘, !

he, she, it이나 '왕눈이' 같은 이름을 '3인칭 단수'라고 해. '나, 우리'는 1인칭, '너, 너희'는 2인칭이고, '나, 너, 우리, 너희가 아닌 것'은 모두 3인칭이야. 그중에서 '하나'인 걸 3인칭 단수라고 하지.

문장 맨 앞에 he, she, it이나 Tom 같은 이름이 오면 동사에 s나 es가 붙는 것을 꼭 기억해!

3인칭 단수 동사를 만드는 규칙

❶ 대부분의 일반 동사 뒤에는 s를 붙여.

❷ 일반 동사가 s, x, sh, ch, o로 끝나면 es를 붙여.

do → does   go → goes   wash → washes   watch → watches

He does his homework.

❸ 일반 동사가 '자음+y'로 끝날 때는 y를 i로 고치고 'es'를 붙여.

study → studies   try → tries   fly → flies

She studies English.

❹ 일반 동사의 끝이 '모음+y'로 끝날 때는 그냥 's'만 쓰면 돼.

play → plays   buy → buys   enjoy → enjoys

She plays the piano.

❺ have는 주어가 he, she, it일 땐 has로 모양이 완전히 바뀌어 버리지.

have	주어가 3인칭 단수일 땐 has
I have a baseball.	He has a baseball.
You have a baseball.	She has a baseball.

have 동사의 부정문 don't have	주어가 3인칭 단수일 땐 doesn't have
I don't have a baseball.	He doesn't have a baseball.
You don't have a baseball.	She doesn't have a baseball.

1 청개구리 삼형제는 모두 자기가 초롱이를 좋아한다고 낙서를 하려고 해.

> 왕눈 (　　　) 초롱. 짝눈 (　　　) 초롱. 실눈 (　　　) 초롱.

(　　　)에는 똑같은 단어가 들어가. 무엇인지 다음 중에서 골라 봐.

> ① like　　② likes

2 "초롱이를 좋아하지 않는다."로 낙서를 고치려고 해. 다음 중에서 어느 개구리가
낙서를 바르게 고친 걸까? 개구리의 얼굴에 ○표를 해 봐.

 don't likes 초롱.　　　　 doesn't likes 초롱.

 doesn't like 초롱.

3 다음 동사들이 he, she, it 다음에 오면 어떻게 바뀌는지 써 봐.

> 1) do → (　　　)　　2) go → (　　　)　　3) watch → (　　　)

4 아래 문장을 '~하지 않는다'라는 부정문으로 만들려고 해. 빈칸에 알맞은 단어를
써 봐.

> He speaks English very well.
> → He (　　　)(　　　) English very well.

암호를 풀어라

엄친아가 또 엄마 몰래 게임을 하려고 했어.

그런데 엄마가 암호를 걸어 놨지 뭐야?

(   ) 안에 알맞은 단어를 써넣어야 컴퓨터를 사용할 수 있어.

엄친아는 씩 웃으며 D와 o를 눌렀어. 그러고는 열심히 게임을 했지.

다음 날 참다못한 엄마가 QQ를 불렀어.

"QQ! 엄친아가 풀지 못할 암호를 만들어 줘."

QQ는 엄마에게 이렇게 말했어.

"엄친아는 아직 3인칭을 잘 몰라요. 글자 하나만 바꿔놔도 못 풀걸요?"

그러고는 you를 she로 바꿔놨어.

(   ) you like playing computer games?

컴퓨터 게임 하는 거 좋아해?

(❶   ) she like playing computer games?

앗! 그런데 QQ가 실수로 컴퓨터 자판을 떨어뜨려서 글자판에 글자가 몇 개 안 남았지 뭐야.

"음, 여기 남아 있는 것만으로도 암호를 맞힐 수 있겠는걸?"

과연 엄친아가 이번에도 암호를 풀고 게임을 할 수 있을까?

어떤 알파벳을
눌러야 할지 키보드에서
찾아 색칠해 봐.

와 함께 이야기 속으로 Go! Go!

 첫 번째 암호는 어떻게 풀었을까?

"너는 컴퓨터 게임을 좋아하니?"라고 문장을 완성해야만 컴퓨터로 게임을 할 수 있어.

이럴 때는 먼저 "너는 컴퓨터 게임을 좋아한다."란 문장을 만들어야 해.

You like playing computer games. 너는 컴퓨터 게임하는 것을 좋아한다.

그런 다음, 문장 맨 앞에 단어 하나만 넣으면 돼.

혹시 '두두두두~' 하면서 북치는 흉내를 내며 질문에 빨리 대답하라고 하는 놀이를 해 본 적 있어? 바로 그 Do를 맨 앞에 붙이면 되는 거야.

Do you like playing computer games?

대답은,

Yes, I do. 응, 그래.

No, I don't. 아니, 그렇지 않아.

내 질문에 대답할 때까지 Do Do Do Do 북을 치겠어!!!

 엄친아는 QQ가 바꿔 놓은 암호도 풀었을까?

주어가 he, she, it일 때, 물어보는 말을 만들려면, 문장 맨 앞에 Does를 붙여야 해. 그리고 he, she, it 다음에 나오는 동사에 s를 붙이지 않아. 동사 뒤에 붙어 있던 s를 do가 가져가서 does가 되었기 때문이지.

She likes playing computer games. 그녀는 컴퓨터 게임을 좋아한다.
Does she likes playing computer games? 그녀는 컴퓨터 게임을 좋아할까?

일반 동사 의문문에 대해 알려줘, !

일반 동사 의문문을 만들 땐 Do를 문장 맨 앞에 붙이면 돼. 하지만 주어가 3인칭 단수 (he, she, it)일 땐 Do 대신 Does를 붙이고, 동사는 원형으로 바뀐다는 걸 기억해.

일반 동사 의문문

일반 동사 의문문을 만드는 건 아주 쉬워. 북을 치며 대답을 기다리는 소리 '두두두두'를 생각하며 Do를 문장 맨 앞에 붙이면 된다고 했지?

You have a computer. 너는 컴퓨터를 가지고 있어.

→ **Do you have a computer?** 너는 컴퓨터를 가지고 있니?

They go to the mountain. 그들은 산에 가.

→ **Do they go to the mountain?** 그들이 산에 가니?

주어가 he, she, it (3인칭 단수)일 때

하지만 주어가 '3인칭 단수'일 때는 do가 아니라 does를 붙여. 그 대신 주어 뒤에 오는 동사에는 s를 붙이지 않아. 꼭 기억해!

She plays the piano. 그녀는 피아노 연주를 해.

→ **Does she play the piano?** 그녀가 피아노를 연주하니?

Peter sings a song. 피터가 노래를 불러.

→ **Does Peter sing a song?** 피터가 노래를 부르니?

일반 동사 의문문에 대답하기

대답할 때는 do와 does를 이용해서 대답하면 돼.

Do you like apples?	→	Yes, I do. / No, I don't.
Do they like apples?	→	Yes, they do. / No, they don't.
Does he like apples?	→	Yes, he does. / No, he doesn't.
Does she like apples?	→	Yes, she does. / No, she doesn't.

❗ doesn't는 does not을 줄인 말이야.

1 (**❶**) she like playing computer games?

암호를 풀기 위해 필요한 자판은 무엇일까?

4개를 골라서 동그라미 해 봐.

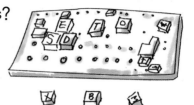

2 다음 중에서 올바른 문장을 골라 봐.

① He likes playing the piano?

② He does like playing the piano?

③ Does he likes playing the piano?

④ Does he like playing the piano?

3 다음 문장을 의문문으로 바꿔 봐.

They study English hard.

→ (   )?

4 다음 문장을 의문문으로 바꿀 때 들어가는 단어에 모두 ○표 해 봐.

He plays soccer very well.

[Does   Do   play   plays]

5 다음 질문에 대한 답을 보기 중에서 골라 빈칸을 채워 봐.

보기   does   do   don't   doesn't

1) Do you speak English? → Yes, I (   ). No, I (   ).

2) Does he speak Korean? → Yes, he (   ). No, he (   ).

정글 탐험

정글 소년이 숲 속을 돌아다니다 이상한 미로에서 길을 잃었어. 미로 앞에는 이런 표지판이 보였어.

내가 지금 무엇을 하고 있는지

바르게 쓴 길로 가면 보물 상자,

틀리게 쓴 길로 가면 악어가

나타나니까 조심!

정글 소년은 어디로 가야 할지 전혀 알 수 없었어. 그래서 QQ를 불렀지.

QQ가 카드를 보여 주며 말했어.

"be와 ing가 힌트야. 이걸 붙여 봐."

과연 정글 소년은 악어 떼에게 잡아먹히지 않고 보물 상자를 찾을 수 있을까?

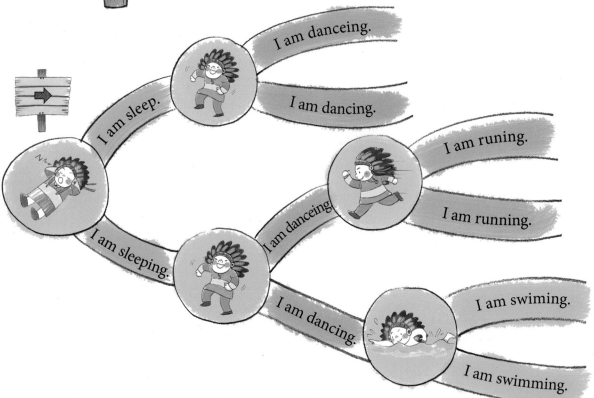

❓ 어느 길로 가야 보물 상자를 찾을 수 있을까?

현재 진행형을 만드는 방법을 알면 쉽게 찾을 수 있어. 현재 진행형은 '주어+be 동사+동사ing'로 만드는데, '~하고 있다, ~하는 중이다'라는 뜻이야.

대부분의 동사 뒤엔 ing를 붙이면 돼.

sleep + ing → sleeping

jump → jumping　　　drink → drinking　　　eat → eating

read → reading　　　look → looking　　　open → opening

그러니 첫 갈림길에선 "I am sleeping. 나는 자고 있다." 쪽 길로 가야 해.

 "I am danceing."이 쓰인 길로 갔더니 악어가 입을 벌리고 있었어. 인디언 소년을 도와줘!

무조건 ing만 붙이면 되는 게 아니야. 다음을 잘 기억해.

❶ e로 끝나는 동사는 e를 빼고 ing를 붙여.

　dance 춤추다 → dancing　　I am dancing. 나는 춤을 추고 있다.

　make → making　　　give → giving　　　drive → driving　　　ride → riding

　come → coming　　　write → writing

❷ 짧은 동사(모음이 하나뿐인 동사)에는 맨 끝의 철자를 한 번 더 쓰고 ing를 붙여.

　run 달리다 → running　　　I am running. 나는 달리고 있다.

　swim → swimming　　　put → putting　　　sit → sitting　　　cut → cutting

현재 진행형에 대해 알려줘, !

현재형은 '평소에 하는 일'을 말하고, 현재 진행형은 '바로 지금 하고 있는 일'을 말해. 현재 진행형은 주어 + be 동사 + 동사ing로 만들어.

현재 진행형 의문문 만들기

"너 영어 공부 하고 있니?"라고 물으려면 어떻게 말해야 할까?

먼저 "너는 영어 공부를 하고 있다."라는 문장을 만든 다음, be 동사를 앞으로 빼 주기만 하면 돼. be 동사가 있는 문장을 의문문으로 만들 때 be 동사를 맨 앞으로 빼는 것 기억나지?

You are studying English.

Are you studying English? 대답은 Yes, I am. / No, I'm not.

He is studying English.

Is he studying English? 대답은 Yes, he is. / No, he isn't.

현재 진행형 부정문 만들기

be 동사와 '동사+ing' 사이에 not을 넣으면 간단하게 해결되지.

I am $\underset{\diagdown}{\overset{not}{}}$ reading a book. 나는 책을 읽지 않고 있다.

I'm doing my homework. 나는 숙제하고 있어. → I'm not doing my homework.

He is playing baseball. 그는 야구하고 있어. → He isn't playing baseball.

They are swimming. 그들은 수영하고 있어. → They're not swimming.

1 정글 소년은 어느 문장이 써진 쪽으로 가야 할까? 올바른 문장에 표시를 해 봐.

① I am sleep.

② I am sleeping.

2

① I am danceing.

② I am dancing.

3

① I am swiming.

② I am swimming.

4

① I am running.

② I am runing.

5 다음 문장을 현재 진행형으로 바르게 바꾼 것을 골라 봐.

He studies English.

① He studying English.

② He is studiesing English.

③ He is studying English.

④ He studying is English.

별걸다 박사가 과거로 돌아갈 수 있는 타임머신을 발명했어. 박사는 조카인 '하루'에게 타임머신을 보여 주며 이렇게 말했지.

"하루야, 이 타임머신에 동사의 과거형이 적혀 있는 거 보이지? 올바른 문장 옆에 있는 버튼을 누르면 과거로 돌아가서 원하는 일을 할 수 있단다. 그런데 조심해야 해. 버튼을 잘못 누르면 과거에서 오늘로 돌아오지 못해."

하루는 오늘이 여자 친구의 생일이라는 걸 깜빡 잊고 있었어. 어쩌지? 선물로 여자 친구가 좋아하는 인형을 어제 사 놓았어야 했는데 말이야. 게다가 오늘은 영어 시험을 보는 날이야. 좋아하는 TV만화를 그만 보고 영어 공부를 했어야 했는데……

'아! 타임머신을 타고 어제로 돌아가서, 보던 TV를 끄고 영어 공부도 하고 선물도 사면 되겠다. 그런데 잘못된 버튼이 하나씩 있다고 했는데……'

하루는 메모지에 어제로 돌아가서 할 일들을 적었어.

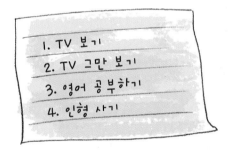

1. TV 보기
2. TV 그만 보기
3. 영어 공부하기
4. 인형 사기

그리고 타임머신의 버튼을 누르려고 했지.

아! 버튼을 잘못 누르면 영원히 오늘로 돌아올 수 없다고 했지?

"도와줘, QQ!"

QQ는 잘못된 버튼에 ✕ 표시를 해 주었어.

어느 버튼에 ✕ 표시를 해 놓았을까?

① I watch TV yesterday.
I watched TV yesterday.

② I stoped watching TV.
I stopped watching TV.

③ I studyed English.
I studied English.

④ I buyed a doll yesterday.
I bought a doll yesterday.

🔍🔍와 함께 이야기 속으로 Go! Go!

 어떤 버튼을 눌러야 할까?

❶ I watch TV yesterday. 🔘   I watched TV yesterday. 🔘

'지나간 일' 그러니까 '과거에 일어난 일'은 일반동사 뒤에 ed를 붙여. yesterday(어제)의 일이니까 과거형을 써야 해. watch의 과거형 watched 말이야.

I watched TV yesterday. (○)

과거형 동사가 바르게 쓰인 버튼을 찾아보자.

❷ I stoped watching TV. 🔘   I stopped watching TV. 🔘

stop은 op로 끝났어. '모음+자음'으로 끝난 거지.
모음(a, e, i, o, u)이 하나뿐인 동사가 '모음+자음'으로 끝날 때, 자음을 한 번 더 쓰고 ed를 붙여.
stop → stopped   drop → dropped

I stopped watching TV. (○)

❸ I studyed English. 🔘   I studied English. 🔘

study처럼 '자음+y'로 끝날 땐, y를 i로 고친 다음에 ed를 붙여.
study → studied   cry → cried

I studied English. (○)

❹ I buyed a doll yesterday. 🔘   I bought a doll yesterday. 🔘

'인형을 사다'는 buy a doll이니까 동사 buy에 ed만 붙이면 되는 거 아닐까?
하지만, 만약 하루가 buyed 버튼을 눌렀다면 영원히 오늘로 돌아오지 못했을 거야.
왜냐고? 영어에는 과거일 때 완전히 그 모양이 달라지는 동사가 있어. buy도 그중에 하나거든.
buy → bought   make → made

I bought a doll yesterday. (○)

동사의 과거형에 대해 알려줘, !

지나간 일을 말할 땐 '~한다'를 '~했다'라고 하지? 영어에서는 동사 뒤에 -ed를 붙이면 돼. 이게 바로 과거형을 만드는 규칙이야. 그런데 규칙을 따르지 않는 동사들도 있어. 그런 단어들은 꼭 기억해 둬.

규칙 변화

❶ 동사 뒤에 ed를 붙여. : 동사원형+(e)d

like → liked　　　want → wanted　　　play → played

❷ 모음이 하나뿐인 동사가 '모음+자음'으로 끝날 때. : 자음을 한 번 더 쓰고+ed

stop → stopped　　　drop → dropped　　　plan → planned

❸ 자음+y로 끝날 때. : y를 i로 고치고+ed

cry → cried　　　study → studied

❹ 단, '모음+y'로 끝날 땐 ed만 붙여.

play → played　　　enjoy → enjoyed

불규칙 변화

❶ 원형과 과거형이 같은 동사.

put → put　　　set → set　　　read → read　◁ 발음만 '레드'로 바뀌어.

❷ 원형과 과거형이 완전히 다른 동사.

have → had　　　go → went　　　make → made　　　eat → ate

1

어제로 돌아가 TV를 보려면 어떤 버튼을 눌러야 할까? 다음 버튼 중에서 올바른
버튼에 ◯표시를 해 봐.

① I watch TV yesterday.

② I watched TV yesterday.

2

어제로 돌아가 인형을 사려면 어떤 버튼을 눌러야 할까? 다음 버튼 중에서 올바른
버튼에 ◯표시를 해 봐.

① I buyed a doll yesterday.

② I bought a doll yesterday.

3

다음 동사들의 과거형을 써 봐.

> 1) want → (   )   2) play → (   )

4

다음 동사의 알맞은 과거형에 ◯표시를 해 봐.

> 1) have   →   [haved   had]
>
> 2) do   →   [did   doed]
>
> 3) make   →   [maked   made]
>
> 4) become   →   [becomed   became]

5

다음 문장을 과거형으로 고쳐 봐.

> I help my mom. 나는 엄마를 도와드린다.
>
> → _____. 나는 엄마를 도와드렸다.

나나야, 너 어제 왕파리 만났니?

똥파리 '퉁'은 날파리 '나나'의 남자 친구야.

어느 날, 퉁이 신기한 마법 구슬을 발견했어. 구슬 위에 앉아서 앞발을 세 번 비비면 앞에 있는 파리가 어제 한 일이 보인다지 뭐야.

퉁은 나나 앞에 구슬을 가져다 놓고 앞발을 세 번 비볐어. 그러자 구슬에 나나가 햄버거를 먹고 있는 모습이 보이는 게 아니겠어?

퉁이 나나에게 물었어.

"Do you eat a hamburger yesterday?"

나나는 대답은 하지 않고 팔짱을 낀 채 '흥' 하며 콧방귀를 뀌었어.

퉁은 기분이 상했어.

그런데 자세히 보니 '나나' 옆에 파리마을의 인기남인 왕파리 '왕'의 모습도 보이는 게 아니겠어? 깜짝 놀란 퉁이 물었지.

"Do you meet Wang yesterday?"

하지만 나나는 혀만 쯧쯧 차고 있었어.

퉁이 QQ를 불렀어.

"도와줘, QQ."

그러자 QQ가 나타나서 　Did　 란 카드를 던져 주는 게 아니겠어?

과연 이 카드를 어디에 써야 나나가 대답을 할까?

QQ와 함께 이야기 속으로 Go! Go!

 왜 나나가 콧방귀를 뀌었을까?

묻는 말이 틀렸기 때문이야. 퉁이 'Do you~ yesterday?'라고 물었지? 어제 일을 물으면서 '너는 어제 ~하니?'라고 물은 거니까 말이 안 되거든. 과거의 일은 과거형으로 물어야 해.

 과거 의문문은 Did를 맨 앞에.

QQ가 준 카드 Did 를 맨 앞에 붙이기만 하면 돼.

~~Do~~ you study English yesterday?

Did you study English yesterday? 너는 어제 영어 공부를 했니?

대답은 Yes, I did. / No, I didn't.

~~Does~~ he play baseball yesterday?

Did he play baseball yesterday? 그 애는 어제 야구를 했니?

대답은 Yes, he did. / No, he didn't.

~~Does~~ she play the piano yesterday?

Did she play the piano yesterday? 그 애는 어제 피아노를 쳤니?

대답은 Yes, she did. / No, she didn't.

Did you, Did she, Did he 다음에는 항상 동사 원형

원래 과거의 일을 말할 땐 동사의 과거형을 썼었잖아.

I went to the science museum yesterday. 나는 어제 과학박물관에 갔다.

하지만 과거의 일을 물을 때는 문장 맨 앞에 Do의 과거형인 Did를 쓰는 대신 동사는 원형으로 바뀐단다.

Did you go to the science museum yesterday? 너는 어제 과학박물관에 갔니?

과거 의문문에 대해 알려줘, !

일반 동사 의문문을 만들 때 맨 앞에 오는 단어가 Do였지? 과거 의문문을 만들 땐 Do의 과거형인 Did를 붙이기만 하면 돼.

과거 의문문 만들기

Did you watch TV yesterday? 어제 TV를 봤니?

여기서 중요한 것은 지나간 일인데도 과거형 watched가 아니라 watch를 쓴다는 거야. 맨 앞에 붙은 Did가 Do의 과거형이니까 뒤에 오는 동사는 과거형을 쓰지 않는 거야.
대답할 때도 do 대신 did, don't 대신 didn't를 쓰기만 하면 돼.

Yes, I did. 응, 그랬어. / **No, I didn't.** 아니, 안 그랬어.

주어가 3인칭 단수일 때도 마찬가지야. Did만 붙이면 되지.

Did he study math yesterday? 그는 어제 수학 공부를 했니?
Yes, he did. / No, he didn't.

어제 무엇을 했는지 묻고 싶으면?

"What did you do yesterday?"라고 물으면 돼.
'무엇'인지 묻는 의문사 what을 맨 앞에 두고, 그 뒤에 did를 쓰면 되지. 문장 맨 뒤에는 yesterday, last weekend처럼 알고 싶은 때를 붙여 주면 돼.

What did you do yesterday? 어제 뭐했니?
I studied Korean yesterday. 나는 어제 한국어 공부를 했어.

What did you do last weekend? 지난 주말에 뭐했니?
Last weekend, I played badminton. 나는 지난 주말에 배드민턴을 쳤어.

1 퉁이 마법 구슬에서 나나가 TV를 보는 모습을 봤어. 다음 대화에서 ( )에 공통으로 들어갈 알맞은 단어를 써 봐.

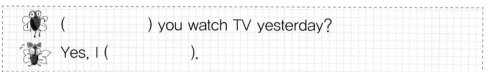

( ) you watch TV yesterday?

Yes, I ( ).

2 마법 구슬에서 나나와 왕이 함께 있는 모습을 봤어. 퉁이 뭐라고 물어봐야 할까? 알맞은 단어에 ○표 해 봐.

Did you [meet   met] Wang?

3 저런! 나나는 시치미를 뚝 떼고 어제 왕파리를 만나지 않았다고 하는 게 아니겠어? 나나의 대답을 완성해 봐.

No, I [don't   didn't].

4 나나는 퉁의 질문에 거짓말을 했다가 마법 구슬에 나타난 모습을 보고 나선 결국엔 만났다고 고백하고 말았어. 알맞은 단어에 ○표 해 봐.

Yes, I [do   did].

5 나나가 왕을 만나서 햄버거를 먹을 때, 나나는 "너 손 씻었니?"라고 물었어. 그러자 왕이 "응, 씻었어."라고 말했지. 다음 중에서 바른 것을 찾아봐.

① Did you washed your hands? / Yes, I did.
② Did you wash your hands? / Yes, I do.
③ Did you wash your hands? / Yes, I did.
④ Did you wash your hands? / Yes, I do.

하늘을 날고 싶은 아기 펭귄 뽀로통

아기 펭귄 뽀로통이 수영을 배웠어. 그래서 아기 새 '페토'에게 이렇게 자랑했지.

"I can swim." 난 수영을 할 수 있어.

그러자 페토가 물었어.

"Can you fly?" 너 날 수 있어?

뽀로통이 자기 날개를 보았어. 분명히 날 수 있을 것 같았지.

"Yes, I can." 응.

뽀로통이 뛰어오르며 날갯짓을 했어.

그런데 이런! 뽀로통이 뚝 떨어지면서 얼음 위에 엉덩방아를 찧었지 뭐야?

뽀로통이 고개를 떨어뜨린 채 말했어.

"I can't fly." 난 날 수 없어.

그때 QQ가 경비행기를 타고 나타나서 뽀로통을 태워 줬어.

그 모습을 본 페토가 구름에 이렇게 썼어.

"뽀로통 (　　　　) (　　　　)."

구름엔 어떤 말이 써 있을까?

 can은 깡통일까 아닐까?

뽀로통이 자랑했어.

I can swim.

여기서 can은 우리가 아는 복숭아 캔이나 참치 캔이 아니야. 동사 앞에
와서 '~할 수 있다'라는 뜻을 더해 주는 '조동사'야.

이 아니라
'~할 수 있다'라는
뜻의 조동사야.

 뽀로통이 날 수 있는지 궁금해진 페토가 뭐라고 물었지?

"Can you fly?"

문장 맨 앞에 Can을 붙이면 '~할 수 있니?'라고 묻는 말이 되거든.
뽀로통은 날개가 있으니까 자기가 날 수 있을 거라고 생각했어. 그래서 "Yes, I can."이라고 대
답했지.
만약 자기가 날 수 없다는 걸 알았더라면 "No, I can't."라고 했겠지?

 '~할 수 없다'는 어떻게 말할까?

"난 날 수 있어."는 "I can fly."라고 하는 건 알지?
"난 날 수 없어."는 can 뒤에 not만 붙이면 돼.

I can not fly.

can not은 줄여서 can't라고도 해.

I can't fly.

I can't play the piano. 나는 피아노 연주를 못 해.
I can't play soccer. 나는 축구를 못 해.

조동사 can에 대해 알려줘, !

동사 앞에서 동사를 도와 그 뜻을 더 자세히 표현해 주는 말을 조동사라고 해.
조동사가 동사 앞에 오면 동사는 항상 원형을 써야 해.

'~해 줄래?'라는 뜻의 'Can you~?'

'Can you~?'는 '~할 수 있니?'라는 뜻이라고 했지?

그럼 "Can you help me?"는 어떤 뜻일까?

"너는 나를 도와줄 수 있니?"라는 뜻이겠지?

도와줄 수 있는지, 없는지를 묻는다기보다는 도와 달라고 부탁하는 거야. 그래서 '~해 줄래?'라고 물을 때 'Can you~?'라고 묻기도 한단다.

조동사 can 뒤에 오는 동사는 '원형'

먼저 "뾰로통이 난다."라는 문장을 만들어 보자. 뾰로통은 3인칭 단수이니까 fly를 3인칭 단수 동사 형태로 바꿔야 해. fly는 '자음 + y'로 끝나니까 y를 i로 고치고 es를 붙여서 flies가 되지. 그런데 앞에 can을 붙이면 fly는 원래의 모습(원형)이 돼.

뾰로통 can flies. (×)
뾰로통 can fly. (○)

왜냐고? can처럼 동사를 도와주는 조동사가 오면, 그 뒤의 동사는 원래의 모습, 그러니까 '원형'으로 바뀌기 때문이야.

1 뽀로통은 "난 수영을 할 수 있어."라고 자랑했어. (   ) 안에 알맞은 말을 써 봐.

I (   ) swim.

2 페토가 뽀로통에게 "넌 날 수 있니?"라고 물었어. 다음 단어를 이용해서 페토의
말을 완성해 봐.

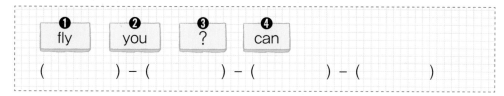

❶ fly   ❷ you   ❸ ?   ❹ can

(   ) – (   ) – (   ) – (   )

3 뽀로통은 "아니, 할 수 없어."라고 시무룩하게 말했어. 알맞은 단어에 ○표 해 봐.

No, I [can   cant   can't].

4 뽀로통이 비행기를 타고 나는 모습을 보고 페토가 "뽀로통은 날 수 있다!"라고 소
리쳤어. 알맞은 단어에 ○표 해 봐.

뽀로통 can [flys   flies   fly] !

5 뽀로통이 착륙하고 나서 내려오려는데 다리가 짧아서 내려올 수가 없었어. 그래서 북
극곰에게 "도와줄래?"라고 말했어. 뭐라고 했을지 다음 단어를 이용해서 만들어 봐.

❶ you   ❷ help   ❸ can   ❹ ?   ❺ me

(   ) – (   ) – (   ) – (   ) – (   )

거꾸로 나라

조동사 must

엘리스는 엄마의 잔소리가 듣기 싫었어. 엄마는 늘 이렇게 말씀하셨지.

넌 숙제를 해야 한다.
넌 영어 공부를 열심히 해야 한다.
TV 보면 안 된다.
컴퓨터 게임 하면 안 된다.

그러던 어느 날 엘리스가 거꾸로 나라에 갔더니, 토끼 아저씨가 엄마와는 완전히 반대로 잔소리를 하는 게 아니겠어? 게다가 토끼 아저씨가 메모판에 이렇게 썼어.

You must watch TV.
You must play computer games.
You must not do your homework.
You must not study English.

넌 숙제를 해야 한다.
넌 컴퓨터 게임 하면 안 된다.

엘리스는 하루 종일 TV를 보면서, 게임을 했어. 엘리스는 처음에는 꿈결 같았지만, 나중엔 눈이 뱅글뱅글 돌아갈 것만 같았어. 머리도 아프고 말이야.

엘리스는 차라리 엄마의 잔소리가 그리워졌어. 토끼 아저씨의 메모를 엄마의 잔소리처럼 바꿔놓아야겠다고 생각했어. 어떻게 하면 될까? 엘리스가 QQ에게 도움을 청하자 힌트를 줬어.

"그건 아주 간단해! 이 단어가 있으면 없애고, 없으면 붙이기만 하면 되거든."

도대체 이 단어는 뭘까?

❓ 잔소리에 붙은 must는 도대체 무슨 뜻일까?

동사 앞에 must가 오면 '~해야 한다'라는 뜻이 돼.

You must do your homework. 넌 숙제를 해야 해.
You must study English. 넌 영어 공부를 해야 해.

엘리스는 must가 사라진 세상에서 살아 보고 싶었지. 그런데 어느 날 엘리스가 거꾸로 나라에 갔더니 토끼 아저씨가 이렇게 잔소리를 하는 게 아니겠어?

You must watch TV. 넌 TV를 봐야 해.
You must play computer games. 넌 컴퓨터 게임을 해야 해.

TV를 보고 컴퓨터 게임을 해야 한다니 정말 꿈결 같았겠지?
거꾸로 나라에서만큼은 must가 없어선 안 될 단어인 것 같았어.

'~해야 한다'를 '~해서는 안 된다'로 바꾸자.

must는 '~해야 한다'이고 뒤에 not를 붙이면 '~해서는 안 된다'라는 뜻이 돼.
must not은 하지 않아도 된다는 게 아니라 절대 해서는 안 된다는 것을 강조하는 말이야.

조동사 must에 대해 알려줘, !

must는 '~을 해야 한다'라는 뜻을 만들도록 도와주는 조동사야.

must not은 '~을 해서는 안 된다'라는 금지의 뜻이야.

must + 동사 원형 : ~해야 한다

I must go home. 나는 집에 가야 한다.

I must do my homework. 나는 숙제를 해야 한다.

You must go home. 너는 집에 가야 한다.

must + not + 동사 원형 : ~해서는 안 된다

You must not watch TV. 너는 TV를 봐서는 안 된다.

You must not play computer games. 너는 컴퓨터 게임을 해서는 안 된다.

must be는 '~해야 해'일까?

거꾸로 나라에 함께 온 강아지는 엘리스를 보고 이렇게 말했어.

You must be happy.

이게 무슨 뜻일까?

must가 '~해야 한다'라는 뜻이니까 "넌 행복해야 해."라는 뜻일까?

아니, 그렇지 않아. must be는 '~한 게 틀림

없어, 분명히 ~하겠구나'라는 뜻이야.

You must be happy. 너 행복하겠다.

조동사 뒤에는 항상 동사 원형이 와

he, she, it 다음에 오는 동사에는 s를 붙인다고 했지? 하지만 must처럼 동사를 도와주는 말 (조동사)이 오면 동사는 원래 모습(동사 원형)으로 돌아온단다.

He does his homework. 그는 숙제를 한다.

→ He must do his homework. 그는 숙제를 해야 한다.

1 엄마는 엘리스에게 항상 "넌 숙제를 해야 한다."라고 잔소리를 하셨어. 엄마의 잔소리를 완성해 봐.

You (   ) do your homework.

2 다음 단어들을 이용해서 "넌 영어 공부를 열심히 해야 한다."라는 문장을 완성해 봐.

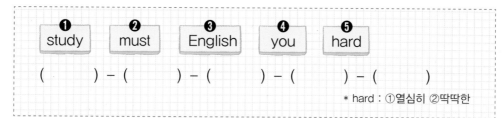

❶ study   ❷ must   ❸ English   ❹ you   ❺ hard

(   ) – (   ) – (   ) – (   ) – (   )

* hard : ①열심히 ②딱딱한

3 거꾸로 나라의 토끼 아저씨는 "너는 숙제를 하면 안 된다."라고 거꾸로 잔소리를 하셨어. 알맞은 단어에 ○표 해 봐.

You [not must   must not] do your homework.

4 엘리스는 TV도 너무 많이 보고, 컴퓨터 게임도 너무 많이 해서 눈이 팽그르르 돌 정도로 피곤했어. 그러자 옆에 있던 강아지가 "너 피곤하겠구나."라고 말했어. 알맞은 말에 ○표 해 봐.

You [must do   must be] tired.

5 "나는 수학 공부를 해야 해."라고 말하고 싶어. 알맞은 단어를 골라 봐.

I must [studying   study   to study] math.

아롬아, 나랑 결혼할래?

아롬이네 집에서 내일 파티가 열린대. 왕눈이는 파티에 가려고 길을 나섰지. 그런데 아롬이네 집에 가는 길엔 깊은 늪이 있어서 징검다리를 건너야만 갈 수 있었어.

징검다리 앞에 있는 표지판엔 이렇게 쓰여 있었지.

각각의 징검다리에는 영어 단어가 적혀 있으니 "나는 내일 파티에 갈 거야"라는 말이 되도록 순서에 맞게 건너가시오. 순서가 틀리면 늪에 빠지게 됨.

왕눈이는 'I'에 올라서서 '다음에는 동사가 와야지?'라고 생각하고 go to 에 올라섰다가 그만 늪에 빠지고 말았어.

"QQ, 나 좀 꺼내 줘."

QQ는 왕눈이를 꺼내 주고는, 가만히 징검다리를 보았어. 그러고는 힌트를 주었지.

" go to 로 가기 전에 지나가야 할 징검다리가 하나 있어."

이제 왕눈이가 무사히 아롬이네 집으로 갈 수 있도록 징검다리 위에 길을 그려 줘.

와 함께 이야기 속으로 Go! Go!

 왕눈이는 왜 늪에 빠지게 된 걸까?

왕눈이가 (I) 다음에 (go to)로 갔기 때문이야. '내일' 파티에 갈 거니까 미래의 일이야. 미래의 일을 말하려면 (go to)로 가기 전에 거쳐야 할 징검다리가 있거든.

 QQ는 go to로 가기 전에 어느 징검다리로 가라고 한 걸까?

그건 (will) 이야. 미래에 대한 이야기를 할 때는 '~할 거야'라는 뜻을 가진 조동사 will을 동사 앞에 쓰기만 하면 돼.

I will go to the party tomorrow. 나는 내일 파티에 갈 거야.

 만약 I가 '왕눈'으로 바뀌면 징검다리 길이 달라질까?

아니, 전혀 달라지지 않아. I가 '왕눈'으로 바뀌면 go to가 아니라 goes to로 가야 할 것 같지?
하지만 조동사 will이 있으니까 동사 원형인 go to로 가면 돼.
간단하지? 원래 주어가 3인칭 단수이면 동사에 s나 es를 붙여야 하잖아? 그래서 goes라고 고쳐야 하지만, 조동사 뒤에는 무조건 동사 원형이 오니까 go를 그대로 쓰면 돼.

❶ I will + 동사 원형 : 나는 ~할 것이다.

I will visit my uncle. 나는 삼촌 댁에 방문할 거야.

I will go camping. 나는 캠핑을 갈 거야.

I will read books. 나는 책을 읽을 거야.

❷ He(She) will + 동사 원형 : 그는(그녀는) ~할 것이다.

He will play baseball. 그는 야구를 할 거야.

He will play soccer. 그는 축구를 할 거야.

She will go swimming. 그녀는 수영하러 갈 거야.

She will play the piano. 그녀는 피아노를 칠 거야.

조동사 will에 대해 알려줘, !

미래에 일어날 일을 말할 땐 동사원형 앞에 will을 붙이면 돼.

will을 미래를 나타내는 조동사라고 해.

조동사 will + 동사 원형 : ~할 거야

I go to the library. 나는 도서관에 간다.

I will go to the library tomorrow. 나는 내일 도서관에 갈 것이다.

Will you + 동사 원형? : ~할 거니?

아름이는 영어를 잘하는 똑똑한 남자아이를 좋아해. 그래서 청혼도 영어로 해야 했어. '너는 ~ 할 거니?'라고 미래의 일을 물을 때는 'You will~'에서 조동사 will을 맨 앞으로 빼 주면 돼.

You will marry me. 너는 나와 결혼할 거다.

Will you marry me? 나와 결혼할 거니?

대답은

맞으면 Yes, I will. / 아니면 No, I won't. (won't = will not)

만약 아름이가 왕눈이랑 결혼하지 않을 거라면 이렇게 따끔하게 말했을 거야.

I will not marry you. 나는 너와 결혼하지 않을 거야.

will 뒤에 not을 붙이면 '~하지 않을 거야'라는 말이 되거든.

will not은 줄여서 won't라고도 해.

I won't marry you. 나는 너와 결혼하지 않을 거야.

~할 거야	will + 동사 원형	I study English. → I will study English. He studies English. → He will study English.
~하지 않을 거야	will not + 동사 원형	I will go home. → I will not go home. (will not = won't)
~할 거니?	Will + 주어 + 동사 원형	Tom will play baseball. → Will Tom play baseball?

1 왕눈이는 어떤 순서로 징검다리를 건너가야 할까? 순서대로 써 봐.

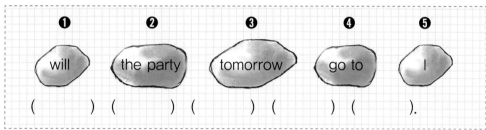

❶ will ❷ the party ❸ tomorrow ❹ go to ❺ I

(   ) (   ) (   ) (   ) (   ).

2 왕눈이는 아롬이에게 "나랑 결혼해 줄래?"라고 말하려고 해. 어떻게 말해야 하는
지 올바른 문장을 골라 봐.

① You will marry me?
② Will I marry you?
③ Will you marry me?
④ I will I marry you?

3 왕눈이가 청혼했을 때 아롬이도 결혼할 생각이라면, 아롬이는 뭐라고 말해야 할
까? 빈칸에 들어갈 알맞은 말을 써 봐.

Yes, I (   ).

4 만약 결혼하지 않을 거라면 아롬이는 뭐라고 대답해야 할까? 다음 중에서 골라 봐.

① No, I will.   ② No, I'm not.
③ No, I won't.   ④ No, I don't.

진짜 공주를 구하라!

[성상]형용사

어느 왕국의 공주가 마법에 걸려서 마녀의 성에 갇히게 되었어. 그러자 왕은 공주를 구한 청년을 공주와 결혼시키겠다고 했어.

이 소문을 들은 이웃 나라 왕자가 마녀의 성 앞으로 갔어. 그런데 공주처럼 보이는 사람이 창문 틈으로 네 명이나 보였어. 왕자는 단 한 번에 공주를 구해야 해. 나머지 세 명의 공주는 마녀가 만든 가짜 공주야.

왕자는 ❸번 공주가 진짜일 것이라고 생각해 밧줄을 던지려고 했지. 그런데 QQ가 나타나서 왕자님을 말리며 힌트가 적힌 종이를 주었어.

❶   ❷   ❸   ❹

1. She is wearing a white dress.
2. She is wearing a red hat.
3. She is fat.
4. Her hair is short.

과연 왕자는 진짜 공주를 구하고 공주와 결혼할 수 있을까?

 white, red, fat, short. 이게 힌트야.

왕자는 네 명의 공주를 보자마자, 세 번째 공주를 구하러 달려갔지. 그런데 QQ가 다가와서 왕자를 말리며 힌트가 적힌 쪽지를 주는 게 아니겠어? 쪽지에 있는 white, red, fat, short……. 이게 바로 진짜 공주를 찾을 수 있는 힌트거든. 이런 단어들을 '형용사'라고 해.

 형용사를 잘 보면 진짜 공주를 찾을 수 있어.

QQ가 준 힌트를 자세히 볼까?

She is wearing a white dress. 그녀는 하얀 드레스를 입고 있어.

white dress라고 했으니 ❶, ❷, ❹번 중 한 명이야.

She is wearing a red hat. 그녀는 빨간 모자를 쓰고 있어.

red hat이라고 했으니 ❷, ❸, ❹번 중 한 명이지.

그러니까 ❷, ❹번 공주 중 한 명인 거야.

white, red는 명사인 dress, hat를 꾸며 주었지? 이렇게 형용사는 명사 앞에 와서 명사를 꾸며 줄 수 있어.

 몇번 공주가 진짜 공주일까?

QQ의 힌트를 보자. "She is fat. Her hair is short."라고 적혀 있지? fat, short가 be 동사 is 뒤에 와서 "그녀는 뚱뚱하다. 그녀의 머리카락은 짧다."라고 설명해 주고 있어. 이렇게 형용사는 be 동사 뒤에서 주어를 설명해 주기도 해. 힌트를 모두 종합해 보면 진짜 공주는 ❷번이지.

생김새나 상태를 알려주는 형용사

❶ 주어를 설명해 주는 경우.

<u>She</u> is <u>fat.</u>
주어
그녀는 뚱뚱하다.

❷ 명사를 꾸며 주는 경우.

<u>red</u> hat
빨간 모자.

형용사에 대해 알려줘, !

fat(뚱뚱한), thin(마른), beautiful(아름다운), ugly(못생긴)처럼 생김새를 나타내거나, upset(화가 난), happy(행복한)처럼 기분이나 상태를 알려 주는 말을 형용사라고 해.

형용사는 명사 앞에 와서 명사를 꾸며 주거나 be 동사 뒤에 와서 주어의 상태를 설명해 줄 수 있어.

형용사 + 명사

She is a <u>beautiful</u> <u>princess</u>.
　　　　　(형용사)　　(명사)

She has <u>beautiful</u> <u>eyes</u>.
　　　　(형용사)　(명사)

be 동사 + 형용사

I am happy. 행복하다.

I am tired. 피곤하다.

I am angry. 화났다.

I am sleepy. 졸리다.

반대되는 뜻을 가진 형용사

big 큰	⟷	small 작은	happy 행복한	⟷	sad 슬픈
large 큰, 많은	⟷	little 작은	fast 빠른	⟷	slow 느린
long 긴	⟷	short 짧은	difficult 어려운	⟷	easy 쉬운
thick 두꺼운	⟷	thin 얇은	hard 딱딱한	⟷	soft 부드러운

1 다음 문장 중에서 형용사를 찾아 ○표 해 봐.

> 1) She is fat.
>
> 2) Her hair is short.
>
> 3) She is wearing a red hat.
>
> 4) She is wearing a white dress.

2 공주에 대한 설명을 반대로 바꾸면 어떤 모습일까? 다음 알파벳을 이용해서 반대 말로 바꿔 봐.

> 1) She is fat. → She is (   ). [h i t n]
>
> 2) Her hair is short. → Her hair is (   ). [o g l n]

3 다음 형용사들을 반대말끼리 선으로 이어 봐.

> big   •   • sad
>
> happy   •   • small
>
> fast   •   • soft
>
> difficult   •   • easy
>
> hard   •   • slow

산타클로스 선발 대회

기수와 서수

8품사 마을에서 산타클로스 선발 대회가 열렸어. 평소에 요정들을 엄청 귀여워하는 구둣방 할아버지가 선발 대회에 참가했지.

시험은 꼬마 요정들에게 선물을 배달하는 거였어.

구둣방 할아버지는 '이 정도쯤이야.'라고 생각했어. 시험지에는 몇 층에 어떤 물건을 배달해야 하는지가 적혀 있었어.

그런데 종이엔 one, two, three와 같은 숫자가 하나도 보이지 않는 게 아니겠어?

할아버지가 말했어.

"도와줘, QQ!"

그러자 QQ가 말했어.

"할아버지! 우리말로 첫째, 둘째, 셋째……라고 하죠? 영어에도 첫째, 둘째, 셋째라는 말이 따로 있어요."

각각의 선물을 몇 층에 배달해야 하는지 선으로 연결해 봐.

 the third floor   •   • 20층

 the twelfth floor   •   • 12층

 the fifth floor   •   • 5층

 the twentieth floor   •   • 3층

the first floor   •   • 1층

와 함께 이야기 속으로 Go! Go!

 the third floor는 몇 층일까?

3층이야. three라는 말이 없는데 어째서 3층일까?

영어로 1층, 2층, 3층이라고 말할 땐 '첫 번째 층, 두 번째 층, 세 번째 층'이라고 해.

첫 번째는 first, 두 번째는 second, 세 번째는 third야. 순서 앞에는 the를 붙이지.

그리고 '몇 층에'라고 할 땐 그 앞에 on을 붙이면 돼.

쇼핑몰에서 신발 가게가 몇 층에 있는지 묻고 답할 땐 이렇게 하면 돼.

Where is the shoe store? 신발 가게가 어디에 있나요?

It's on the first floor. 1층에 있어요.

 학년은 어떻게 표현할까?

우리는 '1학년, 2학년, 3학년……'이라고 말하지? 그런데 영어로는 '첫 번째 학년, 두 번째 학년, 세 번째 학년……'이라고 말해.

예를 들어 "나는 3학년이야."라고 할 때는 그 앞에 in을 붙이면 돼.

What grade are you in? 넌 몇 학년이니?

I'm in the third grade. 난 3학년이야.

one, two, three처럼 개수를 나타내는 말을 기수라고 하고, first, second, third처럼 순서를 나타내는 말을 서수라고 해.

그럼 그 많은 서수들을 다 따로 외워야 할까? 아니야. 걱정할 필요 없어. 네 번째부터 열 번째는 숫자를 나타내는 말 뒤에 **th**만 붙이면 되거든. 그런데 약간씩 변하는 것들이 있으니까 그것만 주의하면 돼.

숫자	기수	서수	숫자	기수	서수
1	one	first	11	eleven	eleventh
2	two	second	12	twelve	twelfth
3	three	third	13	thirteen	thirteenth
4	four	fourth	14	fourteen	fourteenth
5	five	fifth	15	fifteen	fifteenth
6	six	sixth	16	sixteen	sixteenth
7	seven	seventh	17	seventeen	seventeenth
8	eight	eighth	18	eighteen	eighteenth
9	nine	ninth	19	nineteen	nineteenth
10	ten	tenth	20	twenty	twentieth

빨간색으로 표시한 글자는 규칙에서 벗어난 글자이므로 반드시 외워 두어야 해.

1

맞는 층을 서로 연결해 봐.

the second floor •	• 17층
the seventeenth floor •	• 11층
the seventh floor •	• 10층
the eleventh floor •	• 7층
the tenth floor •	• 2층

2

QQ가 선물을 사러 쇼핑센터에 갔어. 그런데 갑자기 배가 살살 아파 왔지. 아무리 둘러봐도 화장실이 보이지 않아서 직원에게 물었더니 5층에 있다고 했어. (   )에 알맞은 단어를 넣어서 다음 대화를 완성해 봐.

Where is the restroom?

It's (   ) the (   ) floor.

3

다음은 학년을 묻고 답하는 말이야.

(   ) 안의 단어들을 알맞게 나열해서 대답을 완성해 봐.

What grade are you in? 너는 몇 학년이니?

❶ in   ❷ grade   ❸ the   ❹ I'm   ❺ fifth   난 5학년이야.

(   ) – (   ) – (   ) – (   ) – (   )

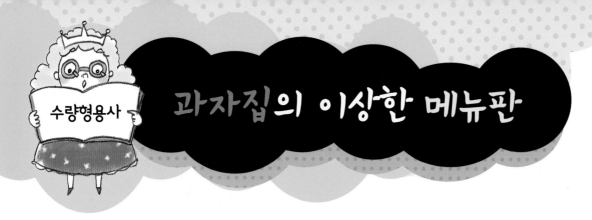

과자집의 이상한 메뉴판

헨젤과 그레텔이 과자집에 도착했어. 마녀가 이렇게 물었어.

"What do you want?"

배고픈 헨젤이 대답했지.

"I want some cookies."

그러자 마녀가 과자를 조금 가져다주었어.

그런데 과자가 하나도 달지 않았어. 아무래도 마녀가 설탕을 빼먹었나 봐.

그레텔은 설탕을 뿌려 먹고 싶어서 설탕을 많이 달라고 했어.

"I want many sugar."

그런데 마녀는 설탕 대신 메뉴판만 가져다주었어.

"여기 메뉴가 있다. 알맞은 말에 ○표를 해라. 맞으면 많이 주고 틀리면 주지 않겠다."

아무래도 QQ가 나서야겠지? 헨젤과 그레텔이 외쳤어.

"QQ, 맞는 답을 골라 줘!"

 마녀는 왜 설탕을 주지 않았을까?

그레텔이 설탕을 많이 먹고 싶어서 sugar 앞에 **many**를 붙였어. 하지만 sugar 앞에는 many를 붙이면 안 돼. 설탕은 부수면 부술수록 부스러기가 워낙 많아져서 정확하게 세기 어려워. 이렇게 셀 수 없는 것을 '많이' 달라고 할 때는 양이 많다는 뜻의 **much**를 붙여야 해.
셀 수 없는 명사들로는 물, 주스, 우유, 설탕, 소금, 아이스크림 같은 것들이 있어.

셀 수 있는 명사	many apples		many books	
셀 수 없는 명사	much water		much sugar	
	much milk		much ice cream	

 '조금'만 달라고 해 보자.

'조금'이라고 할 때는, 셀 수 있는 명사일 땐 **a few**를 붙이고, 셀 수 없는 명사일 때는 **a little**을 붙이면 돼.

셀 수 있는 명사	a few apples		a few books	
셀 수 없는 명사	a little water		a little sugar	
	a little milk		a little ice cream	

수량형용사 | 99

수량을 나타내는 형용사에 대해 알려줘, !

수나 양이 많고 적음을 나타내는 형용사를 수량형용사라고 해. 셀 수 있는 명사인지, 셀 수 없는 명사인지에 따라 수량형용사가 달라지니까 주의해야 해.

많은 : many + 셀 수 있는 명사, much + 셀 수 없는 명사

many books   much water

얼마예요? : How much is it?

영어에서 돈은 셀 수 없는 명사야. 그래서 much를 써야 해.

How many money do you have? (×)

How much money do you have? (○) 너는 돈이 얼마나 있니?

헷갈릴 땐 a lot of(많은)와 some(약간의)을 쓰면 돼

셀 수 있는 명사인지 셀 수 없는 명사인지 헷갈린다고? 그럴 때 사용할 수 있는 말이 있어. 바로 a lot of(많은)와 some(약간)이야. 셀 수 있는지, 없는지 신경 쓸 필요 없이, 많으면 a lot of를, 적으면 some을 붙이면 돼. 정말 간단하지? a lot of는 lots of랑 같아.

many랑 much가 헷갈리면 a lot of를 쓰면 되겠군.

1 아래 그림은 마녀가 건네준 메뉴판이야. 메뉴판의 음식을 모두 먹을 수 있도록 알맞은 표현 옆에 √표시 해 봐.

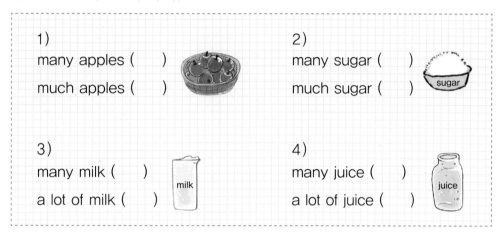

1)
many apples (　　)
much apples (　　)

2)
many sugar (　　)
much sugar (　　)

3)
many milk (　　)
a lot of milk (　　)

4)
many juice (　　)
a lot of juice (　　)

2 마녀는 그레텔에게 사과 몇 개를 먹고 싶으냐고 물었어. (　　) 안에 들어갈 말을 써 봐.

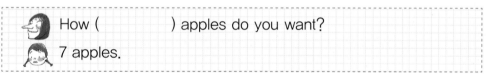

How (　　　　) apples do you want?
7 apples.

3 그런데 이게 웬일이야? 설탕은 돈을 내야 한대. 헨젤이 얼마냐고 물었어. 다음 대화에서 (　　) 안에 들어갈 알맞은 말을 써 봐.

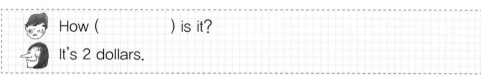

How (　　　　) is it?
It's 2 dollars.

부사를 모르는 도굴꾼

피라미드에 멍청한 도굴꾼 둘이 들어왔어.

비밀의 방에 다이아몬드가 있다는 소문을 들었거든.

"드디어 비밀의 방을 찾았어! 이제 다이아몬드는 우리 거라고. 하하하!"

둘은 서로 얼싸안고 폴짝폴짝 뛰었어.

그런데 하필이면 QQ가 방문을 지키고 있는 게 아니겠어? QQ는 도굴꾼들이 부사를 모른다는 정보를 가지고 있었지.

QQ는 으스스한 목소리로 말했어.

"다음 문장 중에서 '부사'에 손바닥을 대라. 부사는 모두 4개가 있다. 만약 '부사'가 아닌 단어에 손을 대거나 4개를 모두 찾지 못하면 영원히 손이 떨어지지 않을 것이다."

> He is so handsome.
> Listen carefully.
> I can speak English very well.

도굴꾼들이 과연 부사를 모두 찾을 수 있을까?

그 부사가 아닌 것 같은데.

부사?

내가 좋아하는 사과가 부사인데……

 얼마나 잘생겼냐고? '아주' 잘생겼지.

He is so handsome.

그가 얼마나 잘생겼냐고? so(아주)가 handsome을 꾸며 주었으니까 아주 잘생겼대.

so는 부사인데, 이렇게 형용사를 꾸며서 '얼마나 ~한지'를 말해 줄 수 있어.

 어떻게 들으라고? '잘~' 들으라고!

부사는 동사를 꾸며서 '어떻게 ~하는지'를 말해 주기도 해.

Listen carefully!

들어라(Listen). 그런데 어떻게 듣느냐면 carefully(잘, 주의 깊게)가 있으니까 '잘' 들으래. 이때는 동사를 꾸며 준 거야.

carefully를 빼도 말이 되나 볼까?

Listen! 들어라! ◁ 말이 되네.

 'very well' 이번엔 부사가 부사를 꾸몄어. 좀 신기하지 않니?

I can speak English very well.

well은 '잘'이라는 뜻의 부사야. 동사인 speak를 꾸며서 '잘 말한다'라고 했지. 그런데 얼만큼 잘 하느냐고? very well(아주 잘)이래. 부사가 부사를 꾸며 준 거야.

very well을 빼도 말이 되는지 확인해 볼까?

I can speak English. 난 영어로 말할 수 있어. ◁ 어때, 확실히 말이 되지?

❗ 부사의 특징은 부사를 빼도 말이 된다는 거야. 그럼 한번 확인해 볼까? "He is so handsome."에서 부사인 so를 빼 보자. "He is hansome.(그는 잘 생겼다.)" 이제 알겠지? 부사를 빼도 말이 된다는 걸 말이야.

부사에 대해 알려줘 ❶, 🔍-🔍!

"I'm so happy.(난 정말 행복하다.)"의 so(정말)처럼 '얼마나 ~한지'를 나타내거나, "They lived happily ever after.(그들은 그 뒤로 쭉 행복하게 살았답니다.)"의 happily(행복하게)처럼 '어떻게 ~한지'를 나타내는 말을 부사라고 해.

부사는 형용사, 동사, 부사를 모두 꾸며 줄 수 있어.

부사는 형용사, 동사, 부사를 꾸며서 '얼마나 ~한지', '어떻게 ~한지'를 말해 줘.

QQ is so smart. QQ는 매우 똑똑하다. ◁ 형용사 smart를 꾸몄어.

QQ flies slowly. QQ는 천천히 날아다닌다. ◁ 동사 flies를 꾸몄어.

QQ plays the piano very well. QQ는 피아노를 아주 잘 친다. ◁ 부사 well을 꾸몄어.

부사는 어떻게 만들까?

❶ 원래 부사인 단어(so, very……)들도 있지만 대부분의 부사들은 형용사에 ly를 붙여서 만들어.

kind 친절한 – kindly 친절하게   quick 빠른 – quickly 빠르게   slow 느린 – slowly 느리게
careful 조심스러운 – carefully 조심스럽게

❷ 단어가 '자음 + y'로 끝나면 y를 i로 고친 다음 ly를 붙여.

happy 행복한 – happily 행복하게   easy 쉬운 – easily 쉽게

형용사랑 부사의 모습이 같거나, ly를 붙여서 부사를 만들었을 때 뜻이 달라지는 단어들.

부사와 형용사가 같은 단어

	형용사	부사
late	늦은	늦게
early	이른	일찍
much	많은	많이
fast	빠른	빠르게

ly를 붙여서 만들면 뜻이 달라지는 단어

	형용사		부사
late	늦은	lately	요즘
hard	어려운	hardly	거의 ~하지 않는

1 문에 새겨진 문장 중에서 부사에 손을 가져다 대야 해. 다음 중에서 손을 대야 하는 단어에 ○표 해 봐.

> 1) He is so handsome.
> 2) Listen carefully.
> 3) I can speak English very well.

2 도굴꾼들이 비밀의 방으로 들어가려다 넘어졌어. "조심해! 조심히 걸어."라고 말하려면 어떻게 해야 할까? 알맞은 단어에 ○표 해 봐.

> 1) Be [careful   carefully]!
> 2) Walk [careful   carefully].

3 알맞은 부사에 ○표 해 봐.

> I can run [fast   fastly]. 나는 빠르게 달릴 수 있어.

4 다음 문장 중에서 부사에 모두 ○표 해 봐.

> 1) They lived happily. 그들은 즐겁게 살았어.
> 2) I love you so much. 나는 너를 너무 사랑해.

5 다음 문장 중에서 틀린 단어를 바르게 고쳐서 새 문장을 만들어 봐.

> I can speak English very good.
> → _____.

못 말리는 공주병

살로만 공주는 통통한 것이 더 예쁘다는 이웃 나라 왕자의 이야기를 듣고 자신감이 생겼어.

그래서 파티를 열고 다른 나라 왕자도 초대했지.

'누구랑 먼저 춤을 추지?'

고민하던 공주가 말했어.

"날 자주 생각하는 왕자 순서로 춤을 추겠어요."

왕자들은 자기가 얼마나 자주 공주 생각을 하는지를 카드에 적어서 냈어.

그러자 QQ가 달려와서 4번 왕자랑 맨 처음 춤을 추라고 알려 줬어.

그리고 함께 춤을 출 순서대로 왕자들을 세워 놓았어.

QQ는 인상을 팍 쓰며 말했어.

"공주님! 저 왕자랑은 절대로 춤을 추지 마세요."

어떤 왕자일까?

항상 나를 생각하는 사람과 먼저 춤을 추겠어요.

못 말리는 공주병이라니까……

와 함께 이야기 속으로 Go! Go!

 '얼마나 자주'인지를 나타내는 '빈도 부사'

자주, 가끔, 보통처럼 어떤 일을 얼마나 자주 하는지를 나타내는 말을 빈도 부사라고 해. '빈도'는 '얼마나 자주'라는 뜻이야.

always 항상, 언제나   **usually** 보통, 대체로

often 자주, 종종   **sometimes** 가끔, 때때로

never 결코 ~하지 않는

always usually often sometimes never

 빈도 부사의 위치

영어는 순서가 매우 중요한 말이라고 했잖아. 그래서 부사도 자기 자리가 있단다.

❶ 일반 동사가 있으면 일반 동사 앞에 온다.

I always get up at 7. 나는 항상 7시에 일어난다.

He usually goes to church on Sunday. 그는 대체로(보통) 일요일에 교회에 간다.

Sally often plays the piano. 샐리는 자주 피아노를 친다.

Danny sometimes plays baseball. 대니는 가끔 야구를 한다.

He never cries. 그는 절대로 울지 않는다.

❷ be 동사가 있으면 be 동사 뒤에 온다.

I am ╱╲ happy. 나는 항상 행복하다.
      always

He is ╱╲ late. 그는 절대로 지각하지 않는다.
    never

부사에 대해 알려줘 ❷, 🔍-🔍!

부사에는 여러 가지가 있어. 앞에선 형용사에 ly를 붙여서 만든 부사와 빈도 부사에 대해서 자세히 알아봤지?
이번엔 시간이나 장소, 정도를 나타내는 부사에 대해 알려 줄게.

시간을 나타내는 부사

now 지금　　then 그때　　before 전에　　ago ~전에　　soon 곧　　early 일찍

recently 최근에　　today 오늘　　tomorrow 내일　　yesterday 어제

I get up early. 나는 일찍 일어난다.

It's hot today. 오늘은 덥다.

Let's go to the beach tomorrow. 내일 바닷가에 가자.

now, then, soon 같은 부사들은 언제 일어나는 일인지를 설명하지.

장소를 나타내는 부사

here 여기에　　there 저기에　　back 뒤로

upstairs 위층으로　　downstairs 아래층으로　　up 위로　　down 아래로

Come here. 이리 와.

Let's go upstairs. 위층으로 가자.

정도를 나타내는 부사

quite 매우, 꽤, 상당히　　almost 거의, 대부분　　scarcely 거의 ~않다

very 매우　　so 매우　　too 너무　　much 많이　　enough 충분히

I have too much homework. 숙제가 너무 많아.

Thank you so much. 매우 감사합니다.(정말 고마워.)

She sings quite well. 그녀는 노래를 아주 잘한다.

1 공주는 '항상'이라고 써진 종이를 들고 있는 왕자와 제일 먼저 춤을 추었어. 과연 그 왕자는 누구일까?

usually   sometimes   never   always   often

2 공주는 '전혀'라고 써진 종이를 들고 있는 왕자를 내쫓아 버렸어. 쫓겨난 왕자는 누구일까?

usually   sometimes   never   always   often

3 공주가 '항상' 자기를 생각한다는 왕자와 춤을 추며 "난 정말 행복해요."라고 말했어. 다음 단어들을 순서에 맞게 나열해서 공주의 말을 완성해 봐.

❶ happy   ❷ am   ❸ so   ❹ I

(   ) – (   ) – (   ) – (   )

4 다음 문장을 완성해 봐.

I (   ) play computer games. 나는 가끔 컴퓨터 게임을 한다.

[always   sometimes   anytime   never]

5 다음 중 often이 들어갈 위치에 ∨표시 해 봐.

I (   ) play (   ) baseball (   ).

늑대와 막내 양

엄마 양이 시장에 간 사이 늑대가 자꾸 쳐들어오자, 아기 양들이 꾀를 내었어. 양들은 숨을 곳을 미리 정해 놓고 메모지에 이렇게 쓰기 시작했지.

in the box
under the sofa
on the refrigerator

메모를 막 마치려는 바로 그 순간, 늑대가 문을 두드렸어. 아기 양들은 재빨리 숨었어. 그런데 이런! 늑대가 메모지를 발견한 게 아니겠어?

"in the box라. 상자 안에 있겠군."

늑대가 상자 뚜껑을 열고 아기 양을 찾았어. 그러고는 다시 메모지를 보았어.

"under the sofa라. 소파 밑에 있겠군."

소파 밑에 있던 양까지 찾았지.

냉장고 위에 숨어 있던 막내 양은 너무 무서워서 덜덜 떨며 QQ를 불렀어.

"도와줘, QQ!"

그러자 QQ가 나타나서 말했어.

"on the refrigerator에서 알파벳 하나만 바꾸면 늑대를 냉장고 안에 집어넣을 수 있어."

QQ가 알파벳 하나를 바꾸자 늑대가 냉장고 문을 여는 게 아니겠어? 바로 그때 QQ가

늑대의 엉덩이를 밀어서 냉장고에 넣고 재빨리 문을 닫았지. 늑대는 그 안에서 추위에 벌벌 떨면서 다시는 새끼 양들 집에 오지 않겠다고 빌었대.

장소를 나타내는 전치사 ❶

 전치사란 명사나 대명사 앞에서 장소, 시간, 이유, 방법을 알려 주는 말.

장소를 설명할 때 '~위에', '~안에', '~아래에' 있다고 할 때는 어떤 전치사를 쓰는지 알려 줄게.

`on` 위에 있을 땐 on을 써.

`in` 안에 있을 때는 in을 쓰지.

`under` 아래에 있을 때는 under를 써.

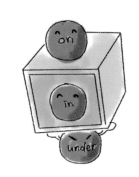

A : Where's my watch? 제 시계가 어디에 있어요?
B : It's on the desk. 책상 위에 있단다.
A : Thanks, mom. 고마워요, 엄마.

A : Where's my bat? 제 야구방망이가 어디에 있어요?
B : It's in the box. 박스 안에 있단다.

A : Where's my ball? 내 공이 어디에 있지?
B : It's under the table. 테이블 아래에 있어.

---

1 이런! 메모를 미처 보지 못한 양 한 마리가 테이블 밑에 숨었어. 양이 숨은 위치를 말해 봐.

| | the table. |

2 QQ는 on the refrigerator에서 알파벳 하나만 바꿔서 늑대를 냉장고 안으로 들어가게 했어. 어떤 알파벳을 무엇으로 바꿨을까?

(   ) → (   )

짜장면 배달

QQ네 마을의 중국집 배달원 아저씨는 오늘도 바빠. 이곳 음식이 무척 인기가 많거든.

오늘도 아저씨는 철가방에 짜장면, 짬뽕, 탕수육을 담고 빵집 앞에 도착했어. 음식을 시킨 사람들이 모두 빵집 근처에 산다고 했거든.

아저씨는 메모를 펼쳐 보았어.

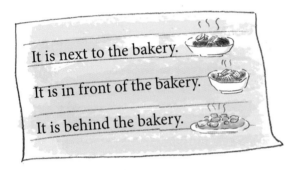

It is next to the bakery.

It is in front of the bakery.

It is behind the bakery.

주인아주머니는 아저씨가 아직 전치사를 모른다는 사실을 깜박한 모양이야.

아저씨가 QQ를 불렀어.

"도와줘, QQ!"

그러자 QQ는 종이를 하나 내밀었어.

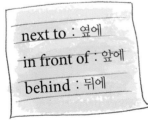

next to : 옆에

in front of : 앞에

behind : 뒤에

장소를 나타내는 전치사 ❷

 장소를 설명하는 전치사

in front of~ ~앞에

The book store is in front of the bakery. 서점은 빵집 앞에 있다.

behind~ ~뒤에

The post office is behind the fire station. 우체국은 소방서 뒤에 있다.

next to~ ~옆에

The fire station is next to the bakery. 소방서는 빵집 옆에 있다.

between A and B A와 B 사이에

The bakery is between the department store and the fire station.
빵집은 백화점과 소방서 사이에 있다.

1 음식 아래 빈칸을 음식을 주문한 집 색깔대로 칠해 봐.

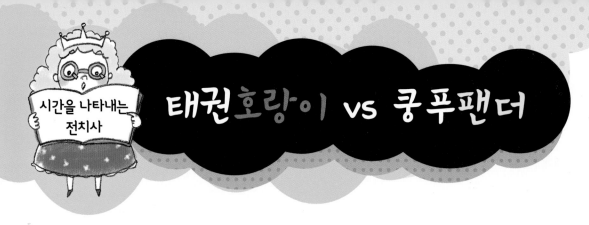

태권호랑이 vs 쿵푸팬더

태권호랑이와 쿵푸팬더는 유명한 영화배우이자 서로의 팬이기도 해.

둘은 같이 영화를 찍었어. 그러고는 12월에 만나기로 하고 헤어졌지. 그런데 쿵푸팬더가 휴대전화를 놓고 간 게 아니겠어? 게다가 만날 정확한 날짜와 시간도 정하지 않은 채 말이야.

그때 태권호랑이에게 좋은 생각이 떠올랐어.

"아! 휴대전화 일정표에 만날 날짜와 시간을 표시해서 전해 주면 되겠군!"

말만 하면 표시가 되는 최신 휴대전화였거든.

그런데 아무리 해도 일정표에 표시가 안 되는 게 아니겠어?

태권호랑이가 QQ를 불렀어.

QQ가 말했어.

"이런! 전치사를 틀리게 말하면 표시가 되지 않는다고!"

일정표에 표시가 되도록 태권호랑이를 도와줘!

"See you [in on at] Christmas."
"See you [in on at] five thirty."

시간을 나타내는 전치사

 시간을 나타내는 전치사 at, on, in

시간을 나타내는 전치사 뒤에 시간이나 때를 나타내는 말이 와서 '언제'인지를 알려 준단다.

at 특정한 시각 앞에 붙여.

at 6 o'clock 6시에   at noon 정오에   at that time 그때에

I go to bed at 10 o'clock. 나는 10시에 잠자리에 든다.

on 요일, 날짜, 특정한 날(크리스마스, 어버이날, 어린이날, 밸런타인데이 등등)

on July 14th 7월 14일에   on Sunday 일요일에   on Sundays 일요일마다

on weekend 주말에

Let's go to the movies on Wendesday. 수요일에 영화 보러 가자.

I will play baseball on July 25th. 나는 7월 25일에 야구를 할 거야.

in 월, 연도, 계절처럼 긴 시간 앞에 붙여.

in 2011 2011년에   in August 8월에   in summer 여름에

My birthday is in February. 내 생일은 2월이야.   I was born in 2005. 난 2005년에 태어났어.

in the morning 아침에, in the afternoon 오후에, in the evening 저녁에

in은 긴 시간을 나타내지만 위의 표현들은 사람들이 많이 쓰다 보니 그렇게 굳어졌대.

1 앞의 이야기에서 올바르게 짝지어진 전치사를 골라 봐.

     ① in, on   ② at, at   ③ on, at

빨간 망토 소녀

빨간 머리 앤이 이웃집 동생에게 '빨간 망토 소녀'를 읽어 주고 있었어.

그런데 벌레가 동화책을 군데군데 갉아 먹은 게 아니겠어?

빨간 머리 앤은 구멍이 있을 때마다 웅얼웅얼거리면서 대충 읽어 주었지.

어느 날 엄마는 빨간 망토 소녀에게 심부름을 시키셨어.

"Take this basket to your grandmother." 이 바구니를 할머니께 가져다 드리렴.

소녀는 자전거를 타고 할머니 댁에 가겠다고 했어.

"I will go ❶ bicycle."

빨간 망토 소녀가 할머니 댁에 가는 중에 늑대를 만났어.

늑대가 소녀에게 물었어.

"Where are you going?"

"I'm going ❷ my grandma's house."

늑대는 자기도 그쪽으로 가는 길이라고 했어. 늑대는 같이 가도 되느냐고 물었지.

"Can I go ❸ you?"

늑대는 소녀에게 예쁜 꽃을 주면서 할머니께 가져다드리라고 했어. 그리고 늑대는 사라졌지. 아주 착한 늑대였던 거야.

할머니 댁에 도착한 소녀는 할머니께 꽃을 드리며 말했어.

"This is ❹ you." 이거 할머니께 드리는 거예요.

동생이 투덜거렸어.

"왜 자꾸만 웅얼웅얼거리는 거야? 무슨 이야기인지 하나도 모르겠잖아."

이럴 땐 QQ를 불러야겠지?

QQ는 | to | with | by | for | 라고 적힌 종이 4장을 주었어. 앤이 이번엔 제대로 읽어 줄 수 있을까?

기타 전치사 ❶

전치사에는 방법을 나타내는 전치사, 방향을 나타내는 전치사, 목적을 나타내는 전치사 등 여러 가지가 있어.

by + 교통수단 ~을 타고

I go to school by bus. 나는 버스를 타고 학교에 간다.

by bicycle 자전거를 타고　by airplane 비행기를 타고　by train 기차를 타고　by car 차를 타고

to + 장소 ~로

I will go to Canada. 난 캐나다에 갈 거야.　I'm going to the park. 나는 공원에 가는 중이야.

to + 사람 ~에게

Talk to me! 나한테 말해!

from + 장소 ~에서, ~에서부터

I'm from New York. 나는 뉴욕에서 왔어.

with + 사람 ~와 함께

I want to go with you. 나는 너와 함께 가고 싶어.

with + 물건 ~으로, ~을 가지고

I can fix it with my hammer. 난 내 망치로 그걸 고칠 수 있어.

for + 사람 ~을 위해서

This is for you. 너를 위한 거야.

1 구멍 난 곳에 어떤 카드를 넣어야 할까? 알맞은 전치사를 골라 써 봐.

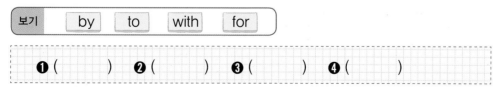

보기　by　to　with　for

❶ (　　) ❷ (　　) ❸ (　　) ❹ (　　)

스핑크스와 비밀의 방

멍청한 도굴꾼들이 또 다른 피라미드에 들어왔어.

역시 QQ가 지키고 있던 곳이지.

이곳저곳을 찾아 헤매던 도굴꾼이 소리쳤어.

"드디어 문을 찾았어! 이제 다이아몬드는 우리 거라고. 하하하!"

둘은 서로 얼싸안고 폴짝폴짝 뛰었어.

QQ는 이번에도 도굴꾼들을 골탕 먹이려고 으스스한 소리를 내며 문제를 냈어.

"비밀의 방으로 들어가려면 퀴즈를 풀어야 한다. 만약 퀴즈를 풀지 못하면 손이 돌에 붙을 것이다."

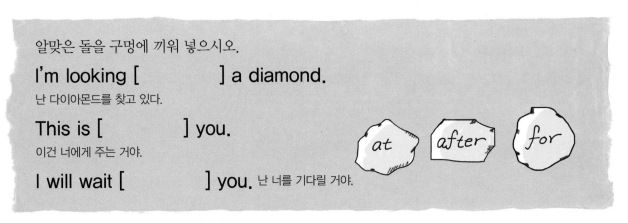

알맞은 돌을 구멍에 끼워 넣으시오.

I'm looking [   ] a diamond.
난 다이아몬드를 찾고 있다.

This is [   ] you.
이건 너에게 주는 거야.

I will wait [   ] you. 난 너를 기다릴 거야.

at   after   for

그리고 그 옆에는 전치사가 적힌 돌이 놓여 있었지.

어떻게 되었느냐고? 도굴꾼들의 손이 또 붙어 버렸다지 뭐야.

마음 착한 QQ가 힌트를 줬어.

"숫자 4에서 한 글자만 빼면 되는데……."

기타 전치사 ❷

동사는 뒤에 온 전치사에 따라 뜻이 달라져. look이라는 동사를 살펴볼까?

look at ~을 보다

Look at me! 날 좀 봐!

look after ~을 돌보다

Please look after my dog. 제 강아지 좀 돌봐 주세요.

look for ~을 찾다

I'm looking for my bag. 나는 내 가방을 찾고 있어.

이번엔 동사 wait를 살펴보자.

wait 기다리다

I'll wait here. 여기서 기다릴게.

wait for ~를 기다리다

I'm waiting for my friend. 내 친구를 기다리고 있는 중이야.

wait in line 줄을 서서 기다리다

1 도굴꾼들이 어떤 돌을 끼워 넣어야 손이 떨어질까?

2 도굴꾼이 피라미드에 들어오기 전에 친구와 화상통화를 했어. 빈칸에 들어갈 알맞은 말을 보기 중에서 써 봐.

보기	after	at	for

1) Look (   ) me! 나 좀 봐!

2) I'm looking (   ) a diamond. 난 다이아몬드를 찾고 있어.

3) Please look (   ) my dog. 내 개 좀 돌봐줘.

메롱바이러스에 걸린 컴퓨터

엄친아는 오늘 학교에서 접속사에 대해 배웠어. '그리고, 그러나, 또는' 이런 말들 말이야. 무척 쉽다고 느껴서 대충 배웠지.

엄친아가 집에 와서 컴퓨터로 접속사에 관한 숙제를 했어. 그런데 이게 웬일이야? 화장실에 잠시 다녀온 사이에 접속사가 모두 사라지고 그 자리에 😀 가 있는 게 아니겠어?

컴퓨터가 메롱바이러스에 걸려 버린 거야. 엄친아는 너무 당황해서 아무것도 생각나지 않았어. 하는 수 없이 QQ에게 도움을 청하기로 했지.

"이제 엄친아가 아니라 멍친아라고 불러야 하는 것 아냐?"

달려온 QQ는 엄친아에게 핀잔을 줬어. 그러고는 접속사가 적혀 있는 5개의 스티커를 줬지.

알맞은 접속사가 써진 스티커를 붙이면 바이러스가 박멸된대.

"자, 이 정도면 메롱바이러스를 퇴치할 수 있겠지?"

❶ I am handsome 😀 smart.

나는 잘생기고 똑똑하다.

❷ I can swim 😀 QQ can not swim.

나는 수영을 할 수 있지만 QQ는 못한다.

❸ I got up late 😀 I was late for school.

나는 늦게 일어나서 학교에 지각을 했다.

❹ I want coke 😀 juice.

나는 콜라 또는 주스를 마시고 싶다.

❺ I like candy 😀 I like sweets.

나는 단것을 좋아하기 때문에 사탕을 좋아한다.

접속사에 대해 알려줘, !

 QQ가 준 스티커를 바이러스 위에 붙여서 바이러스 박멸을 도와줘.

메롱바이러스를 박멸하는 방법은 오직 하나!

접속사 and, but, or, so, because가 써진 바이러스 박멸 스티커를 메롱바이러스 위에 붙여야 해.

 접속사에 대해 알아보자.

말과 말을 이어 주는 역할을 하는 말을 '접속사'라고 해. 단어와 단어를 이어 주기도 하고 문장과 문장을 이어 주기도 하지.

and '~와(과)'라는 뜻으로 두 단어를 이어 주거나 '~이고 ~이다'라는 두 문장을 이어 주는 곳에 붙이면 돼.

❶ '~와/~과'처럼 두 단어를 이어 줄 때.

you and I 너와 나

I am pretty and smart. 나는 예쁘고 똑똑해.

❷ '~이고 ~이다'처럼 두 문장을 이어 줄 때.

I am pretty. 나는 예쁘다. **+** You are handsome. 너는 잘생겼다.

→ I am pretty and you are handsome. 나는 예쁘고 너는 잘생겼다.

I am a teacher and she is a doctor. 나는 선생님이고 그녀는 의사다.

but 반대되는 두 문장을 이어 주는 곳에 붙이면 돼. '그러나, 그런데, ~지만'이라는 뜻이지.

She can play the piano. **+** He can't play the piano.

그녀는 피아노를 칠 수 있다.　　　　그는 피아노를 못 친다.

→ She can play the piano but he can't play the piano.

그녀는 피아노를 칠 수 있지만 그는 못 친다.

I am a singer but she is not a singer. 나는 가수지만 그녀는 가수가 아니다.

`or` '또는'이라는 뜻으로 두 단어를 연결하거나, '~하거나 또는 ~하다'라는 두 문장을 이어주는 곳에 붙여.

juice or milk 주스나 우유

I want to be a teacher. + I want to be a scientist.

나는 선생님이 되고 싶다.　　　　　나는 과학자가 되고 싶다.

→ I want to be a teacher or a scientist. 나는 선생님이나 과학자가 되고 싶다.

I want to be a singer. + I want to be a dancer.

나는 가수가 되고 싶다.　　　　　나는 댄서가 되고 싶다.

→ I want to be a singer or a dancer. 나는 가수나 댄서가 되고 싶다.

`so` 앞 문장은 원인이고 뒤 문장이 결과인 곳에 붙이면 돼. '그래서 ~이다'라고 할 때 쓰지.

I want to be a teacher. 나는 선생님이 되고 싶다. + I study hard. 나는 공부를 열심히 한다.

→ I want to be a teacher so I study hard. 나는 선생님이 되고 싶어서 공부를 열심히 한다.

I got up late. 난 늦게 일어났다. + I was late for school. 난 지각을 했다.

→ I got up late so I was late for school. 난 늦게 일어났기 때문에 지각을 했다.

`because` 다음에 오는 문장이 이유를 나타내는 곳에 붙여.

I am happy. 나는 행복하다. + You are my best friend. 너는 내 친구다.

→ I am happy because you are my best friend. 나는 네가 내 친구여서 행복하다.

I was late for school. 난 지각을 했다. + I got up late. 난 늦게 일어났다.

→ I was late for school because I got up late.

　　난 지각을 했다. 왜냐하면 늦게 일어났기 때문이다.(나는 늦게 일어나서 지각을 했다.)

1 엄친아가 한 숙제에서 접속사가 모두 🌑로 바뀌어 버렸어. 엄친아는 QQ가 준 바이러스 박멸 스티커를 제자리에 붙여야 해. 올바른 접속사를 넣어 봐.

1) I am handsome (　　　　　) smart. 나는 잘생기고 똑똑하다.

2) I can swim (　　　　　) QQ can not swim.

　　나는 수영을 할 수 있지만 QQ는 못한다.

3) I got up late (　　　　　) I was late for school.

　　나는 늦게 일어나서 학교에 지각을 했다.

4) I want coke (　　　　　) juice. 나는 콜라 또는 주스를 마시고 싶다.

5) I like candy (　　　　　) I like *sweets.

　　나는 달콤한 것을 좋아하기 때문에 사탕을 좋아한다.　　　　* sweets : 달콤한 것

2 다음 빈칸에 들어갈 알맞은 접속사를 보기 에서 찾아 써 봐.

보기　　but　or　because　and　so

1) I am tired (　　　　) sleepy. 난 피곤하고 졸려.

2) My mom likes vegetables (　　　　) I don't like vegetables.

　　엄마는 야채를 좋아하지만 난 야채를 좋아하지 않는다.

3) Which do you like better, milk (　　　　) juice?

　　너는 우유와 주스 중에서 어느 걸 더 좋아하니?

4) She can play the piano well (　　　　) she wants to be a pianist.

　　그녀는 피아노 연주를 잘할 수 있다. 그래서 피아니스트가 되고 싶어 한다.

5) I like you (　　　　) you are so kind.

　　나는 네가 아주 친절해서 좋아.

오늘 가수왕을 뽑는 대회가 열린대. 팅커벨은 기대에 부풀어 대회에 나갔어.

날개를 펄럭이며 날아다니는 요정인 팅커벨을 보자 심사위원들은 눈이 휘둥그레졌어. 그래서 마구 질문을 하기 시작했지.

What's your name? Who's your favorite singer?

When is your birthday? How old are you? Where do you live?

팅커벨은 도무지 무슨 말인지 몰라서 당황한 나머지 울어 버리고 말았어.

그러자 깜짝 놀란 사회자가 물었어.

Why are you crying?

팅커벨은 대답을 못하고 눈물만 흘리다가 QQ를 불렀어.

"도와줘, QQ!"

QQ가 나타나더니 힌트를 주었지.

"일단 맨 앞의 말을 정확히 알아야 해."

알맞은 것끼리 선으로 연결해서 팅커벨이 무사히 가수왕이 될 수 있게 도와줘!

what •	• 언제
who •	• 어디서
when •	• 무엇을
how •	• 누가
where •	• 왜
why •	• 어떻게

의문사에 대해 알려줘, !

누가, 언제, 어디서, 무엇을, 어떻게, 왜?

이런 게 궁금할 때는 who(누가), when(언제), where(어디서), what(무엇을), how(어떻게, 얼마나), why(왜)를 맨 처음에 오게 해서 물어보면 되는데, 이런 걸 '의문사'라고 해.

의문사로 물어보는 방법을 살펴볼까?

❶ be 동사가 있을 때는 의문사 + be 동사 + 주어?

<u>What</u> <u>is</u>   <u>this</u>? 이것은 무엇이니?   Who are you? 너는 누구니?
의문사   be동사 주어
                                When is your birthday? 생일이 언제야?

❷ 일반 동사가 있을 때는 의문사 + do (3인칭 단수일 땐 does) + 주어 + 동사?

<u>What</u> <u>do</u>   <u>you</u>   <u>like</u>? 너는 무엇을 좋아하니?   Where do you live? 너는 어디에 사니?
의문사   do   주어   동사

의문사의 종류

`what` 무엇인지 궁금할 때.

❶ be 동사와 함께

What's your name? 이름이 뭐니?

What is your hobby? 취미가 뭐니?

❷ 일반 동사와 함께

What do you want? 무엇을 원하니?

What do you like? 무엇을 좋아하니?

'무슨 과목' '몇 학년'은 어떻게 말할까?

좀 더 구체적인 것을 물어보고 싶을 때는 가장 궁금한 것을 앞으로 보내지. '무슨 과목', '몇 학년'처럼 말이야.

What **subject** do you like? 무슨 과목을 좋아하니?

What **grade** are you in? 몇 학년이니?

`who` '누구'인지 궁금할 때.

❶ be 동사와 함께

Who are you? 넌 누구니?

Who is your best friend? 가장 친한 친구가 누구니?

❷ 일반 동사와 함께

Who did it? 누가 그랬니?

Who broke it? 누가 망가뜨렸니(깨뜨렸니)?

❸ 소유격(누구의~)

Whose turn is it? 누구 차례니?

Whose bag is this? 누구의 가방이니?

`when` '언제'인지 궁금할 때.

When is your birthday? 생일이 언제니?

When do you do your homework? 숙제는 언제 하니?

When do you play the piano? 너는 피아노를 언제 치니?

`where` '어디'인지 궁금할 때.

Where are you from? 어디서 왔니?

Where is my pencil case? 내 필통이 어디 있지?

Where are my books? 내 책들이 어디에 있지?

Where do you live? 너는 어디에 사니?

`how` '어떻게' 또는 '얼마나'인지 궁금할 때.

How old are you? 몇 살이니?

How tall are you? 키가 몇이니?

How much is it? 이거 얼마예요?

'얼마나'를 알아보고 싶을 때는 How 다음에 알아보고 싶은 것을 붙여. 나이를 알고 싶으면 How old, 키는 How tall, 가격을 알고 싶으면 How much 라고 하면 돼.

`why` '왜'인지 궁금할 때.

Why are you late? 왜 늦었니?

Why are you upset? 왜 화났니?

Why do you like Tiffany? 너는 왜 티파니를 좋아하니?

1 이제 팅커벨이 어떻게 대답해야 할지 선으로 연결해 봐.

1) What's your name? •	• I live in Neverland.
2) Who's your favorite singer? •	• I'm 11 years old.
3) When is your birthday? •	• My name is Tinkerbell.
4) How old are you? •	• Because I'm so sad.
5) Where do you live? •	• My favorite singer is Danny.
6) Why are you crying? •	• My birthday is May 20th.

2 의문사에 대해 알게 된 팅커벨은 너무 기뻤어. 피터팬에게 물어보고 싶었던 게 정말 많았거든. 다음 단어들을 이용해서 팅커벨이 피터팬에게 묻고 싶은 말들을 완성해 봐.

1) (is / who / singer / favorite / your / ?) 가장 좋아하는 가수는 누구니?

→ _____

2) (from / are / where / you / ?) 너는 어디서 왔니?

→ _____

3) (your / what / hobby / is / ?) 네 취미가 뭐니?

→ _____

4) (when / you / do / bed / to / go / ?) 너는 언제 자니?

→ _____

5) (happy / are / why / you / so / ?) 왜 그렇게 행복하니?

→ _____

6) (how / you / school / do /go / to / ?) 너는 학교에 어떻게 가니?

→ _____

똥파리 위치 추적기

마법 개구리가 이번엔 '똥파리 위치 추적기'라는 것을 만들었어.

"자, 이 기계만 있으면 소파에 누워 TV를 보면서도 맛있는 똥파리가 어디에 있는지 알 수 있지."

개구리들이 신기해하자 마법 개구리가 신이 나서 설명했어.

There is a fly in
the bathroom.

"여기에 'There is a fly in the bathroom.'이라는 문장이 보이지? 정말 화장실에 파리 한 마리가 있는지 확인해 볼까?"

화장실 문을 열자, 정말 파리 한 마리가 있는 게 아니겠어? 마법 개구리는 긴 혀로 날름 잡아먹었지.

그런데 갑자기 위치 추적기에서 지직 소리가 나더니 몇 글자가 안 보이기 시작했어.

"⌁⌁⌁⌁⌁ fly in the bedroom."

"⌁⌁⌁ ⌁⌁⌁ three ⌁⌁⌁ in the refrigerator."

마법 개구리는 창피해서 QQ를 불렀어.

위치 추적기를 보더니 QQ가 고개를 끄덕였어.

"몇 글자 없어도 어디에 있는지는 알 것 같지만, 그래도 정확하게 하는 것이 좋겠죠?"

그러고는 ⌁⌁⌁ 부분에 글자를 채워 주었어. 망신을 당할 뻔한 마법 개구리는 QQ 덕분에 체면을 차릴 수 있었어.

 똥파리 위치 추적기는 정말 대단해!

똥파리가 있을 땐 위치 추적기에 'There is~, Thare are~'라고 나타났어.

❶ There is a(an) + 단수 명사 + 장소

화장실에 파리 한 마리가 있을 땐,

"There is a fly in the bathroom."이라는 문장이 나타났어.

'~이 하나 있다'라고 할 때는 There is a(an) 다음에 명사의 단수형을 쓰면 되거든. 어디에 있는지는 그 뒤에 써 주면 돼.

❷ There are + 복수 명사 + 장소

오, 이런! 부엌엔 파리가 5마리나 있어!

그땐 위치 추적기에 "There are 5 flies in the kitchen."이라고 나타났어.

여럿이 있을 때는 There are 다음에 명사의 복수형을 쓰면 돼.

There are 5 flies in the kitchen.

 '~이 하나도 없다'라고 할 때는 어떻게 할까?

무언가가 없는데, 하나가 없다고 해야 할지, 여러 개가 없다고 해야 할지 좀 헷갈리지? 그럴 땐 방법이 있지. 바로 'no'를 쓰는 거야.

❶ 셀 수 있는 명사는 s를 붙여서 복수형을 만들 수 있으니까

There are no + 명사의 복수형.

There are no flies. 파리가 없다.

❷ 셀 수 없는 명사는 s를 붙여서 복수형을 만들 수 없으니까

There is no + 명사의 단수형.

There is no water. 물이 없다.

파리를 너무 먹었나? 목이 메네.

There is no water. 그러게 혼자서 파리를 너무 먹더라니.

❗ 만약 "There is not a fly in the restroom."라고 하면 화장실에 파리가 '한 마리도 없다'는 걸 강조한 문장이야.

There is/are~ 문장에 대해 알려줘, !

'~가 있다'라고 말할 땐 'There is + 단수 명사 + 장소, There are + 복수 명사 + 장소' 라고 하면 돼. '~가 있니?'라고 물어볼 땐 be 동사를 앞으로 보내기만 하면 된단다.

의문문 만들기(Is there-? / Are there-?)

배고픈 개구리가 위치 추적기에 대고 이렇게 말했어.

Are there flies in the garden? 정원에 파리들이 있나요?

그러자 위치 추적기에 이런 대답이 나타났어.

Yes, there are.

개구리들이 정원에 나가 보니 정말 파리들이 많이 있는 게 아니겠어?

이렇게 '~이 있나요?'라고 물을 땐 be 동사를 앞으로 보내어 문장 맨 앞에 쓰면 돼.

There is a book on the desk. 책상 위에 책 한 권이 있다.

Is there a book on the desk? 책상 위에 책 한 권이 있니?

대답은

Yes, there is. 응, 있어.

No, there isn't. (isn't = is not) 아니, 없어.

There are many books on the desk. 책상 위에 책들이 많이 있다.

Are there many books on the desk? 책상 위에 책들이 많이 있니?

대답은

Yes, there are. 응, 그래.

No, there aren't. (aren't = are not) 아니, 그렇지 않아.

1 위치 추적기에 "침실에 파리 한 마리가 있다."라는 문장이 나타났어. 다음 중에서 ( )에 들어갈 알맞은 것을 골라 봐.

( ) fly in the bedroom.
① There is a   ② There are a   ③ There is   ④ There are

2 저런, 이번엔 위치 추적기가 고장이 났는지 두 단어가 보이지 않았어.
위치 추적기에 "거실에 파리가 한 마리도 없다."라고 나타났어.

There ( ) ( ) flies in the living room.

보기 에서 안 보였던 두 개의 단어를 골라 차례로 써 봐.

보기 is   are   no

3 is 와 are 중에서 알맞은 단어를 골라 ○표 해 봐.

1) There [is   are] a pencil in my bag.
2) There [is   are] three cats in the house.

4 다음 문장을 의문문으로 만들어 봐.

There are 5 dogs in the yard. 마당에 개 다섯 마리가 있다.

→ _____

긍정 명령문/
부정 명령문

로봇 조종 리모컨

'별걸다 박사'는 로봇을 연구하는 박사야. 박사는 조카 '하루'에게 새로 만든 로봇을 보여 주며 말했어.

"이 로봇은 리모컨으로 명령을 내릴 수 있단다.

Dance 버튼을 한번 눌러 보겠니?"

하루가 Dance 버튼을 누르자 로봇이 정말 춤을 추기 시작했어.

잠시 후, 삼촌이 박람회에 가려고 나가면서 말했어.

"내가 없을 땐 로봇 리모컨을 만지면 안 된다."

그런데 하루는 자꾸만 Sing a song 버튼을 눌러 보고 싶었어.

"로봇은 과연 어떤 노래를 어떻게 부르는 걸까?"

궁금한 걸 절대로 참지 못하는 하루는 그만 Sing a song 버튼을 눌러 버리고 말았어.

그러자 로봇이 고래고래 소리를 지르면서 음정 박자도 하나도 안 맞는 이상한 노래를 부르는 거야.

하루가 귀를 틀어막으며 노래가 멈출 때까지 기다렸지만 아무리 기다려도 노래가 끝나지 않았어. 하루는 참다못해 아무 버튼이나 마구 눌렀지. 그랬더니 로봇이 바로 노래를 멈추는 게 아니겠어?

? Sing a song

? 는 어떤 버튼이었을까?

"노래하지 마!"라는 명령은 도대체 무슨 버튼을 눌러야 되는 거야???

와 함께 이야기 속으로 Go! Go!

 로봇한테 "노래해!"라고 명령하기 위해 어떤 버튼을 눌렀을까?

Sing a song 버튼을 눌렀어.

명령문을 만들려면 먼저 "너는 노래한다."라는 문장을 만들고, '너는'이라는 주어를 빼 버리면 돼. 동사의 첫 글자는 당연히 대문자로 바꿔 주어야겠지.

You sing a song. 너는 노래한다. → **Sing a song.** 노래해.

왜 주어를 빼느냐고? '~해!'라고 명령할 땐, 바로 앞에 있는 '너'에게 말하는 거니까, 굳이 '너'를 말할 필요가 없기 때문이지.

 어떤 버튼을 눌러야 노래를 멈출까?

'~하지 마!'라고 할 땐, 명령문 앞에 Don't만 붙이면 돼.
그러니까 Sing a song 버튼을 누르기 전에 먼저 Don't 버튼을 누르면 되지.

Don't sing a song. 노래하지 마.
Don't watch TV. TV 보지 마.
Don't play computer games. 컴퓨터 게임 하지 마.

 명령문 만들어 보기

명령문을 만들려면
❶ 주어를 없앤다.　　❷ 동사 원형을 쓴다.

Do your homework. 숙제를 해라.　　**Clean your hands.** 손을 씻어라.
Brush your teeth. 이를 닦아라.　　**Wash the dishes.** 설거지를 해라.

'~하지 마'라는 명령문을 만들려면 명령문 앞에 Don't만 붙이면 돼.

명령문에 대해 알려줘, 🔍🔍!

'~해라'라고 명령하는 문장을 긍정 명령문, '~하지 마라'라고 명령하는 문장을 부정 명령문이라고 해. 부정 명령문은 긍정 명령문에 Don't를 붙이기만 하면 돼.

긍정 명령문/부정 명령문

❶ 명령문(~해라) : you로 시작하는 문장에서 주어만 빼면 돼.

You open the window. → Open the window.

❷ 부정 명령문(~하지 마라) : 명령문 앞에 don't (=do not)를 넣어.

Open the window. → Don't open the window.

be 동사로 시작하는 명령문

[Be] [quiet] 버튼을 연속으로 눌렀어도 로봇이 노래를 멈췄을 거야.

"You are quiet."라고 하면 "너는 조용하다."라는 뜻이야. 이것을 명령문으로 만들어 볼까?

"You are quiet."에서 주어 You를 빼면 are quiet가 남지? 이때 are를 동사 원형으로 바꾸면 be가 돼.

You are quiet. 너는 조용하다. → Be quiet! 조용히 해!

You are a good boy. 너는 착한 아이야. → Be a good boy! 착하게 굴어라!

❗ Be happy! 이 말은 "행복해!"라는 명령이 아니라 "즐겁게 지내."라는 인사말이야.

공손한 표현, please

우리말의 '~좀 해주시겠어요?'처럼 영어에도 공손한 표현이 있어. 바로 please야. "Open the window."는 "창문을 열어."라는 뜻이지만 여기에 please를 붙여서 "Open the window, please."라고 하면 "창문 좀 열어 주시겠어요?"라고 공손하게 부탁하는 말이 되지.

1 어떤 버튼을 눌러야 "노래 부르지 마!"라는 명령을 내릴 수 있을까? 3개의 버튼을 골라서 다음 빈칸에 써 봐.

[Clean] [Wash] [a song] [Sing] [Dance] [Sleep] [Do] [Don't]

[   ] [   ] [   ]

2 다음 문장을 명령문으로 바꾸려면 (   ) 안에 어떤 단어가 들어가야 할까?

You are a good boy. 너는 착한 아이다.

→ (   ) a good boy. 착한 아이가 되어라.(착하게 굴어라.)

3 다음 문장을 '~하지 마라'라는 부정 명령문으로 바꿔 봐.

You are silly. 넌 어리석어.

→ (   ) (   ) silly. 어리석게 굴지 마.

4 로봇에게 "방 청소를 해라"라고 명령하려면 어떤 버튼 두 개를 눌러야 할까? 다음 중에서 골라서 ○표 해 봐.

(Wash) (Clean) (the dishes) (the room) (Sing) (a song)

5 화들짝 놀란 QQ가 로봇을 완전히 잠재워야겠다고 생각하고는 버튼 하나를 눌렀어. 어떤 버튼을 눌렀을까?

[   ]

'파리시대' 오디션

파리 5마리로 이루어진 '파리시대'는 파리마을 최고의 스타야. 그런데 멤버 중 한 마리가 춤을 추다가 다리를 삐끗하는 바람에 급하게 멤버를 뽑아야 했어. 그래서 오디션이 열렸지.

심사위원은 무섭기로 소문난 대왕파리였어.

1번 파리가 나오자 대왕파리가 말했어.

"Dance!" 춤을 추어라.

1번 파리는 잔뜩 겁을 먹어서 제대로 춤도 못 추고 쭈뼛거리기만 했어.

"Sing!" 노래를 불러라.

이번엔 목소리도 제대로 나오지 않아서 울면서 들어가 버렸어.

이제 2번 파리의 순서가 되었어. 2번 파리는 너무 떨려서 QQ를 불렀어.

"도와줘, QQ!"

그러자 QQ가 나타나 단어 하나가 적힌 카드를 보여 주며 말했어.

"심사위원이 'Dance!'라고 말하면, 넌 dance 앞에 이 단어를 붙여서 말해 봐. 이 단어가 바로 무서운 대왕파리도 춤추게 한다는 마법의 단어거든."

이 말을 들은 2번 파리가 QQ가 시킨 대로 했어.

"[   ] dance."

그러자 대왕파리가 씨 ~익 웃으면서 말했어.

"Sounds good!"

그러고는 2번 파리와 함께 춤을 추는 게 아니겠어?

알고 보니 대왕파리의 춤 실력이 대단했던 거야. 그래서 엄청 까다롭게 멤버를 뽑으려고 했던 거지. 대왕파리가 말했어.

"참가 번호 2번! 스타가 될 가능성이 충분하군요!"

QQ가 알려 준 단어 하나 덕분에 2번 파리가 '파리시대'의 멤버가 되었단다.

와 함께 이야기 속으로 Go! Go!

 마법의 단어 Let's는 도대체 뭘까?

심사위원도 춤추게 한 마법의 단어는 바로 Let's였어.

Let's 다음에 동사를 쓰면 '우리 ~하자'라는 뜻이 돼. 명령문은 말을 듣는 상대방에게 '~해라'라고 명령하는 말이라고 했지? 그런데 앞에 Let's를 붙이면 '같이 ~하자'라는 뜻이 돼.

 Let's만 붙였을 뿐인데 '함께' 춤추게 하다니, 정말 놀라워!

2번 파리가 앞에 Let's를 붙였어. 심사위원도 함께 춤을 추자는 거지.

Let's go! 가자!　　Let's go home! 집에 가자!

Let's play! 놀자!　　Let's play outside! 밖에서 놀자!

Let's play soccer! 축구 하자!

Let's play baseball! 야구 하자!　　Let's play badminton! 배드민턴 하자!

Let's play basketball! 농구 하자!

Let's eat! 먹자!

Let's eat out! 외식하자!　　Let's eat spaghetti! 스파게티를 먹자!

궁금해 **대왕파리는 "Sounds good!"이라고 했어. 무슨 뜻일까?**

"Let's dance!"라고 말했을 때 "Sounds good."이라고 했지?

"좋아."라는 뜻이야. "OK". 혹은 "Sounds great!"라고 해도 돼.

Let's에 대해 알려줘, ◎-◎ !

명령문 앞에 Let's를 붙이면 '함께 ~하자'라는 말이 돼. "Study English."는 "영어 공부해"라고 명령하는 말이지만, "Let's study English."라고 하면 "영어 공부하자."라는 말이 되는 거지.

"Let's go!"에 대해 알아보자.

Go! 앞에 Let's가 붙으면 "가자!"라는 말이 돼. 'Let's go'는 뒤에 어떤 말이 오는지에 따라 뜻이 달라지니까 잘 알아 둬야 해.

Let's go to + 장소 : ~로 가자

'~로 가다'는 'go to + 장소'이니까 앞에 Let's를 붙여서 'Let's go to + 장소'를 말하면 '~로 가자'라는 말이 되는 거야.

Let's go to the park.

Let's go to the library. 도서관에 가자.
Let's go to the park. 공원에 가자.

Let's go ~ing : ~하러 가자

'~하러 가다'는 'go ~ing'이니까 앞에 Let's를 붙여서 'Let's go ~ing'라고 하면 '~하러 가자'라는 말이 되는 거야.

그러니까 스케이트 타러 가자는 "Let's go skating."이라고 하면 돼.

Let's go skating.

Let's go swimming. 수영하러 가자.
Let's go camping. 캠핑 가자.

Let's와 Let us는 뭐가 다를까?

Let's는 Let us의 줄임말이야. 하지만 뜻은 전혀 달라.
Let's는 '~하자!'라는 뜻이고, Let us는 '우리가 ~하게 (해 주세요.)'라는 뜻이야. 그러니까 Let's를 써야 할 자리에 Let us를 쓰면 절대 안 되겠지?
Let's go! 가자!
Let us go. 우리를 가게 해 주세요.

길 사이사이에 있는 돌멩이에 문장이 써 있어. 올바른 문장이 써 있는 돌멩이에는
설탕이 묻어 있어. 틀린 문장이 써 있는 돌멩이에 앉으면 바로 잡아먹힌대. 설탕이
묻은 돌멩이에 동그라미표 해 봐.

동물마을 달리기 대회

동물마을에서 달리기 대회가 열렸어. 경기가 끝나자마자 시상식을 했지.

그런데 1, 2, 3등을 모두 토끼가 차지했어. 토끼의 시상대에는 fast, faster, fastest라고 적혀 있었어.

꼴찌부터 1, 2, 3등은 거북이들이었어. 거북이들이 시무룩해져서는 말했어.

"뒤에서부터 세면 우리가 1, 2, 3등인데……."

거북이들의 말이 끝나자마자 QQ가 짠! 하고 나타나서 말했어.

"거북아! 내가 너희들을 위한 시상대를 만들어 줄게. 시상대에 써 있는 글자만 바꾸면 되거든."

QQ가 3등 시상대에 [slow]라는 종이를 붙였어.

2등 시상대에는 [slow__ __] 라는 종이를 붙였어.

그리고 1등 시상대에는 [slow__ __ __]라는 종이를 붙였지.

그러자 꼴등으로 들어온 거북이가 1등 시상대 위에 올라가 '만세'를 외쳤단다.

 **와 함께 이야기 속으로 Go! Go!**

 달리기 대회의 시상대를 살펴볼까?

3등 시상대엔 [fast]가 2등 시상대엔 [faster]가
붙어 있지? 더 빠르면 [fast]에 [er]을 붙여서
[faster]라고 하면 되거든. 이렇게 '-er'을 붙여서
'더 ~한'이라고 하는 걸 비교급이라고 해.

 내가 너보다 더 빨라! : 비교급

'~보다 더 ~하다'라는 말을 비교급이라고 해.
2등 토끼는 3등 토끼한테 비교급을 사용해서 이렇게 말했어.
I'm faster than you. 내가 너보다 더 빨라.

누군가와 비교할 때는 **than** 다음에 비교하는 대상을 말하면 되는 거야.

I'm taller than you. 내가 너보다 더 커.
I'm older than you. 나는 너보다 나이가 더 많아.
I'm stronger than you. 나는 너보다 힘이 세.

 내가 가장 빨라! : 최상급

1등 시상대 밑에는 [fastest]가 붙어 있지? '가장 빠른'이라고 할 때 [fast]에 [est]를 붙
여서 [fastest]라고 하면 되거든.
이렇게 최고를 나타내는 표현을 최상급이라고 해.
'가장 ~한' 것은 단 하나뿐이니까 최상급 앞에는 **the**를 붙여.
그리고 그 뒤에 '~중에서'라는 말이 올 수 있어.

> I'm the fastest rabbit in the world.

I'm the fastest rabbit in the world. 나는 세상에서 가장 빠른 토끼야.

비교급과 최상급에 대해 알려줘, !

비교급과 최상급

❶ 비교급 : '더 ~한'이라는 뜻의 비교급은 단어 뒤에 er을 붙여.

taller, older, stronger, longer, smaller, faster

❷ 최상급 : '가장 ~한'이라는 뜻의 최상급은 단어 뒤에 est를 붙이면 돼.

tallest, oldest, strongest, longest, smallest, fastest

the + 최상급 + ~중에 : '가장 ~한'이라는 뜻으로 최상급 앞에 the를 붙여야 해.

Sally is the tallest girl in my class. 샐리는 우리 반 여자애들 중에서 키가 가장 크다.

비교급과 최상급을 만들 때 주의할 점

❶ e로 끝나는 단어 : 이미 e가 있으니까 er 대신에 r만, est 대신에 st만 붙이면 돼.

wise 현명한 → wiser 더 현명한 → wisest 가장 현명한

❷ 자음 + y로 끝나는 단어 : 자음 + y로 끝나면 y를 i로 고치고 er, est를 붙여.

pretty 예쁜 → prettier 더 예쁜 → prettiest 가장 예쁜

❸ 모음 + 자음 : 모음이 하나뿐인 단어가 '모음+자음'으로 끝나면 자음을 하나 더 써 주고 er, est 를 붙여.

big 큰 → bigger 더 큰 → biggest 가장 큰   hot 더운 → hotter 더 더운 → hottest 가장 더운

−er/−est를 붙여서 형용사의 비교급/최상급을 만드는 경우	원급 (~한)	비교급 (더 ~한)	최상급 (가장 ~한)
−(e)r, −(e)st를 붙인다	tall old	taller older	tallest oldest
단모음 + 단자음 : 자음을 한 번 더 쓰고 −er, −est	big hot	bigger hotter	biggest hottest
자음 + y : (y를 i로 고쳐서) 자음 + −ier, iest	happy easy	happier easier	happiest easiest

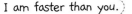

I am faster than you.

I am bigger than you.

I am taller than you.

I am the biggest animal in the world.

1

거북이들이 올라간 시상대엔 1등 자리에 '가장 느린'이라고 쓰여 있었어. 2등엔 '더 느린', 3등엔 '느린' 이라고 쓰여 있었지. 알맞은 것에 체크해 봐.

	가장 느린	더 느린	느린
①	slow	slower	slowest
②	slower	slow	slowest
③	slowest	slower	slow
④	slowest	slow	slower

2

그런데 QQ가 종이에 한 단어를 쓰더니 1등 시상대 앞에 붙였어. 어떤 종이일까?

① a   ② an   ③ the   ④ best

3

다음 단어들 중에서 올바른 비교급, 최상급에 ○표 해 봐.

1) big [biger   bigger] [bigest   biggest]

2) happy [happyer   happier] [happyest   happiest]

4

다음은 토끼가 거북이에게 한 말이야. (   ) 안에 알맞은 단어를 써 봐.

I'm faster (   ) you.

5

다음은 사자가 한 말이야. 보기 단어 중에서 골라서 완성해 봐.

보기   the   strong   stronger   strongest

"I am (   ) (   ) animal in the world."

위기를 모면한 요술 거울

왕비는 요술 거울을 보며 물었어.

"Who is the most beautiful woman in the world?"

어제는 요술 거울이 'Snow White(백설공주)'라고 대답했다가 큰일이 날 뻔했어. 화가 난 왕비가 요술 거울을 깨뜨려 버릴 뻔했거든. 그래서 오늘은 왕비가 제일 예쁘다고 말하기로 결심했어.

그런데 이런!

거짓말을 할 줄 모르는 요술 거울이 자기도 모르게 'Snow White'라고 말해 버린 게 아니겠어? 화가 난 왕비는 거울을 깨뜨리려고 했어. 하지만 바로 그 순간, QQ가 나타나 거울에게 귓속말을 해 줬지.

"비교급을 써 봐!"

요술 거울이 er을 붙여서 beautifuler라고 하자, 왕비는 화가 더 치밀어올랐어. 그러자 다급해진 QQ가 귓속말로 말했어.

"You are ⬚⬚⬚⬚⬚ beautiful than Snow White."

하지만 너무 놀란 요술 거울이 ⬚⬚⬚⬚⬚ 를 듣지 못했지 뭐야. 누가 좀 도와줘!!

신이시여, 오늘만 제 거짓말을 용서해 주십시오. ㅠ·ㅠ

 beautiful 앞에 무슨 말을 붙여야 할까?

요술 거울이 beautifuler라고 했다가 왕비의 화만 돋우고 말았어. beautiful처럼 긴 단어는 앞에 more를 붙여서 more beautiful이라고 해야 하거든.

You are more beautiful. 당신이 더 아름답습니다.

more를 듣는 순간 왕비의 마음이 누그러져서 거울을 깨려다 말고 잠시 생각에 잠겼어.
그런데 백설공주보다 아름답다고 해야 하잖아? '백설공주보다'라는 뜻의 than Snow White라고 쓰면 되니까 이렇게 말했지.

You are more **beautiful** than Snow White. 당신이 백설공주보다 더 아름답습니다.

 그래도 왕비의 화가 안 풀렸다면?

어이쿠! 왕비의 칼이 요술 거울 앞에서 멈췄어. 그러자 QQ가 귓속말로 이렇게 말해 줬어.

You are the most beautiful **woman** in the world.
당신이 이 세상에서 가장 아름다운 여자입니다.

'가장 ~한'은 the most를 형용사 앞에 붙이면 되거든. in the world는 '세상에서'라는 뜻이지.

긴 단어의 비교급/최상급은 단어 앞에 more/most를 붙이면 돼. 그리고 불규칙하게 변하는 단어들도 있으니, 꼭 기억해 두도록 하자.

more, most를 붙이는 단어들

−ful, −ous, −ive 등으로 끝나는 단어, 3음절 이상의 단어인 경우 more, most를 붙여.

	비교급	최상급
beautiful	more beautiful	the most beautiful
famous	more famous	the most famous
important	more important	the most important
interesting	more interesting	the most interesting
difficult	more difficult	the most difficult

He is the most famous singer in Korea. 그는 한국에서 가장 유명한 가수다.

모양이 완전히 변하는 단어

	비교급	최상급
good	better	best
bad	worse	worst
many, much	more	most

You are the best. 네가 최고야.

Do your best! 왜 best 앞에 the가 안 붙었을까?

최상급 앞에는 the가 붙는다고 했지? 하지만 best나 worst 앞에 my, your와 같은 말이 나오면 the를 쓰지 않아.

Do your best. 최선을 다해라.　　**He is my best friend.** 그는 나의 가장 좋은 친구야.
What is your worst subject? 네가 제일 못하는 과목은 뭐니?

1 QQ가 알려 준 문장 중에서 요술 거울이 듣지 못한 말은 뭘까?

> You are (　　　) beautiful than Snow White.
> ① better　② best　③ more　④ most

2 왕비의 칼이 요술 거울 바로 앞에서 멈췄어. 그러자 QQ가 귓속말로 "당신이 이 세상에서 가장 아름다워요."라고 말하라고 했어. (　) 안에 들어갈 알맞은 단어를 찾아봐.

> You are the (　　　) beautiful woman in the world.
> ① better　② best　③ more　④ most

3 다음 보기 중에서 5개의 단어를 골라 "넌 나의 가장 좋은 친구야."라는 문장을 만들어 봐.

> 보기　are my you the good better best friend

→ _____.

4 (　) 안에 들어갈 알맞은 말을 주어진 형용사의 최상급을 이용해서 써 봐.

> 1) Sally is (　)(　　)(　　　　) girl in my class. [beautiful]
> 샐리는 우리 반에서 가장 아름다운 아이야.
> 2) She is my (　　　) friend. [good] 그녀는 나의 가장 좋은 친구야.

고장 난 산타톡

산타 선발 대회에 합격하면 전 세계 산타와 '산타톡(Santa Talk)'을 할 수 있어. 산타톡은 버튼 몇 개를 눌러서 대화를 할 수 있는 기계야.

산타 시험에 당당히 합격한 구둣방 할아버지가 호주 산타와 산타톡을 했어.

 What time is it now?

 …… 3 o'clock.

그런데 이게 웬일이야? 호주 산타가 선글라스를 끼고 반팔티를 입고 있는 게 아니겠어?
궁금한 구둣방 할아버지가 물었어.

 How's the weather today?

 …… hot.

그런데 아까부터 버튼을 아무리 눌러도 계속 ……로만 나타나는 게 아니겠어?
호주 산타가 난감해하자 QQ가 나타나서 말했어.
"그 버튼은 너무 많이 써서 고장이
났답니다. 산타톡 회사에 전화해서
수리를 받으세요."

비인칭 주어 It에 대해 알려줘, !

 왜 It's 버튼이 고장 났을까?

It's 버튼을 너무 많이 사용해서 그래. 아무런 뜻 없이 자리를 메울 땐 It's를 쓰거든. 요일, 날짜, 시간, 길이 같은 것을 말할 때지. 이런 it을 '비인칭 주어'라고 해.

서로 다른 나라에 있는 산타 할아버지들이 '산타톡'으로 다른(상대방) 나라의 시간이나 날씨를 많이 물어봤던 거야. 그래서 고장이 난 거지.

 날짜나 요일을 말할 땐 비인칭 주어 It

크리스마스는 호주나 한국이나 날짜가 같은 건 알지?

It's December 25th. 12월 25일이야.

이렇게 날짜를 말할 땐 맨 앞에 아무 의미 없는 It을 붙여.
명령문만 빼고 영어에서는 꼭 주어가 필요하거든.
'크리스마스'처럼 무슨 날인지를 이야기할 때도 It을 쓰지.

It's Christmas. 크리스마스야.

요일을 말할 때도 마찬가지야.

It's Friday. 금요일이야.

It's December 25th.
It's Christmas.

 시간을 말할 때도 비인칭 주어 It

호주 산타는 지금 11시라고 했어.

It's 11 o'clock now.

그런데 한국 산타는 12시라고 했지.

It's 12 o'clock. = It's 12.

o'clock은 정각일 때만 붙이는데, 붙여도 되고 안 붙여도 돼.

호주 시간이 한국 시간보다 한 시간 늦기 때문이야.
이처럼 시간을 말할 때도 맨 앞에 It을 붙인단다.

It's eight thirty. 8시 30분.

It's four fifty. 4시 50분.

It's three fifty.

날씨를 말할 때도 비인칭 주어 It

한국의 산타가 "It's snowing. It's cold."라고 말했어. 화이트 크리스마스였던 거지. 그런데 호주 산타가 선글라스를 끼고서 뭐라고 말했는지 알아?

It's sunny. 화창해.   It's hot. 더워.

크리스마스가 덥다니, 정말 웃기지?

 비인칭 주어는 우리말로는 아무 뜻이 없어. 그래서 우리말로 옮길 필요가 없지.

요일, 날짜, 시간, 길이를 얘기할 때, 아무 뜻 없이 맨 앞에 쓰는 it을 '비인칭 주어'라고 했지?
그럼 요일, 날짜, 시간, 길이를 물어볼 땐 어떻게 할까? 물론 비인칭 주어를 사용하면 돼.

What day is it today? 오늘이 무슨 요일이지?   It's Monday. 월요일이야.

What time is it now? 지금 몇 시야?   It's two thirty. 2시 30분이야.

What date is it? 오늘이 며칠이지?   It's December 24th. 12월 24일이야.

How far is it? 얼마나 멀어요?   It's about thirty meters. 30미터 정도 돼.

날씨 묻고 답하기

How's the weather today? = What's the weather like today?
오늘 날씨가 어떤가요?

It's sunny. 화창해요. It's cloudy. 흐려요. It's windy. 바람이 불어요.
It's rainy. 비가 와요. It's snowy. 눈이 와요. It's foggy. 안개가 끼었어요.
It's hot. 더워요. It's cold. 추워요.

1 '산타톡'의 고장 난 버튼엔 어떤 글자가 써 있었을까?

[   ]

2 "오늘 날씨가 어때요?"라고 물을 땐 두 가지 표현이 있어.

다음 중 맞는 표현 두 개를 골라 (   ) 안에 ○표 해 봐.

① How is the weather today?   (   )

② How is the weather like today?   (   )

③ What is the weather today?   (   )

④ What's the weather like today?   (   )

3 호주 산타는 한국 산타에게 지금 몇 시냐고 물었어. 다음 단어들을 이용해서 호주
산타의 말을 완성해 봐.

| ❶ time | ❷ it | ❸ is | ❹ ? | ❺ what |

(   ) – (   ) – (   ) – (   ) – (   )

4 QQ는 10시라고 대답했어. 빈칸에 들어갈 알맞은 단어를 써 봐.

[   ] 10 .

5 QQ가 호주의 날씨를 묻자, 호주 산타는 "It's hot."이라고 대답했어. 이때의 it은 비인
칭 주어야. 다음 중에서 "It's hot."의 it과 다른 용법으로 쓰인 것을 골라서 ○표 해 봐.

1) It's so far. (   ) 너무 멀어.   2) It's October 20th. (   ) 10월 20일이야.

3) It's a book. (   ) 이것은 책이야. 4) It's Sunday. (   ) 일요일이야.

Part 2

도전!
영단어 퀴즈왕

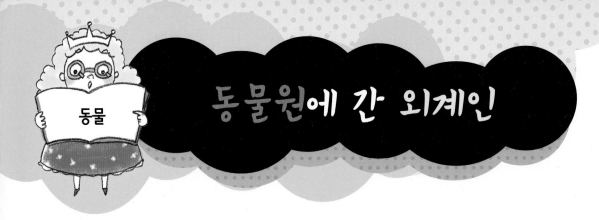

동물원에 간 외계인

지구에서 멀리 떨어진 어느 별에 사는 외계인들이 지구에 사는 동물에 대해 연구하고 있었어.

하루는 호기심이 많은 대장 외계인이 직접 동물들을 보고 싶어졌어.

그래서 깜깜한 밤중에 동물원에 착륙했지.

대장은 손가락으로 레이저를 발사해서 코끼리를 우주선 안으로 빨아들였어.

그리고 이름이 뭐냐고 물었어. 하지만 코끼리가 대답을 할 리가 있겠어?

아무리 물어도 대답이 없자, 대장 외계인이 화를 버럭 냈어.

그랬더니 코끼리가 외계인을 코로 돌돌 말아서 코끼리 우리 앞으로 데리고 갔어.

그리고는 코로 이름표를 짚어 주었지.

이름표엔 이렇게 쓰여 있었어.

elephant

이제야 알아챈 대장 외계인은 부하들에게 동물들의 사진을 찍고 이름표를 떼어 오라고 명령했
단다.

1 부하들이 이름표를 떼어서 가져왔어. 그런데 아래 보이는 이름표들은 글자가 지워
져서 잘 보이지 않았어. 지워진 글자를 써 줘.

| t _ g _ r | m _ n k _ _ | c _ o c _ d i l e |

2 부하들이 사진을 찍었는데 제대로 나온 사진이 하나도 없는 게 아니겠어? 대장은
동물 사진과 이름을 연결하지 못해서 고민하고 있어. 알맞은 사진과 이름을 선으
로 이어 봐.

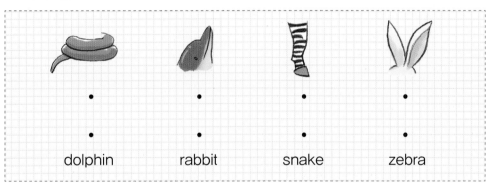

dolphin　　　rabbit　　　snake　　　zebra

3 그중에서 대왕 외계인의 마음에 쏙 드는 동물이 하나 있었어. 뭘까? 다음 설명을
읽고 맞혀 봐.

It has long ears.　　It is white.　　It has red eyes.

→ _____

 함께 익히면 좋은 단어 | 동물

tiger 호랑이　lion 사자　bear 곰　snake 뱀　elephant 코끼리　monkey 원숭이
giraffe 기린　zebra 얼룩말　crocodile 악어　penguin 펭귄　turtle 거북이
dolphin 돌고래　fox 여우　rabbit 토끼　cow 소　pig 돼지　goat 염소　duck 오리

글자 먹는 벌레

어느 숲 속 마을에 '글벌레'라는 글자 먹는 벌레가 살았어. 이 벌레는 과일을 정말 좋아했지만 과일을 직접 먹을 수는 없었어. 그 대신 과일 이름에 들어가는 글자를 모두 먹었지. 그러고 나면 배 속에서 글자가 과일로 변하거든.

그러니까 만약 사과를 먹고 싶으면 a, p, p, l, e를 먹으면 되었던 거야.

"I want to eat an apple."

"Mmm, it's good!"

하루는 글벌레가 글자가 열리는 나무에서 s를 찾았어. 그런데 그 s를 먹으려고 가까이 다가간 순간, s가 사라져 버린 게 아니겠어?

깜짝 놀란 글벌레가 소리쳤어.

"Where is the letter s?" s 자가 어디로 갔지?
그러자 나무 아래에서 이런 소리가 들렸어.

"It's under the tree." 나무 아래에 있어.
아래를 보았더니 개구리가 나무에서 떨어진 글자 s에 깔려 있는 게 아니겠어? 글벌레는 개구리 위에 있는 글자 s를 갉아 먹고 개구리를 구해 주었어. 그러고는 다른 알파 벳 몇 개를 더 먹고 행복한 표정으로 말했단다.

"It's delicious." 맛있군.

1

개구리한테 가려서 글벌레가 먹은 알파벳이 몇 글자밖에 보이지 않아. 가려진 알파벳을 써 봐.

s		r	a	b		r	y

2

알파벳은 벌레의 배 속에서 어떤 과일로 변했을까?

① 복숭아 　　② 딸기 　　③ 바나나 　　④ 자두

3

다음 날, 글벌레는 다음과 같은 글자를 먹었어. 글벌레가 어떤 과일을 먹게 될지 영어로 써 봐.

[a r e p g] → (　　　　　　　　)

4

오늘은 복숭아를 먹고 싶어서 글자 p, a, c를 먹었어. 어떤 글자를 더 먹어야 할까? 두 가지 글자를 써 봐.

p (　) a c (　)

5

글벌레가 실수로 필요 없는 글자 하나를 더 먹었어. 그 글자 하나를 뱉어 내야 원하는 과일을 먹을 수 있대. 어떤 글자를 뱉어야 할까?

r a g p n o e

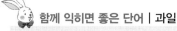 **함께 익히면 좋은 단어 | 과일**

apple 사과　banana 바나나　orange 오렌지　grape 포도　strawberry 딸기
pear 배　peach 복숭아　lemon 레몬　watermelon 수박　pineapple 파인애플
persimmon 감　apricot 살구

바다 괴물을 물리쳐라!

바닷속 생물

QQ는 친구들과 별걸다 박사에게 바닷가에 가자고 했어.

"Let's go to the beach!" 바닷가로 가자!

"OK, sounds great." 좋아요.

모두들 너무나 좋아하며 들뜬 마음으로 바닷가로 갔지.

그런데 갑자기 바다에서 상어처럼 생긴 거대한 괴물이 나타나 친구들과 별걸다 박사를 공격하는 게 아니겠어? 그러다 박사가 납치되고 말았지 뭐야.

"Help me, please!"

살려 달라고 소리치던 박사는 손목에 차고 있던 컴퓨터를 QQ에게 던졌어.

컴퓨터엔 박사님의 얼굴이 나타났지.

"이 컴퓨터에 'shark'라고 쓰고 버튼을 눌러서 레이저를 발사해. 그러면 상어 괴물이 힘을 잃게 돼. 이 발명품 때문에 내가 납치된 거란다."

QQ는 바다로 들어가 재빨리 컴퓨터에 shark라고 쓰고 레이저를 쏘았어. 그러자 상어 괴물의 이빨이 후두두 부러져서 박사가 살아남을 수 있었어.

그런데 이번엔 엄청나게 커다란 문어 괴물이 다리로 박사를 돌돌 감더니 먹물을 발사하는 거야.

QQ는 컴퓨터에 [❶]라고 쓰고 레이저를 발사했어. 그러자 다리 힘이 빠져 버린 문어 괴물이 박사를 놓아주었어.

바로 그때 거대한 집게발을 벌린 게 괴물이 박사를 물려고 다가오고 있었어.

하지만 QQ의 힘이 다 빠져서 컴퓨터 자판을 누를 힘마저도 사라져 버렸어.

단어를 써서 박사님을 구해 줘!

1 빈칸 [❶]에 들어갈 단어는 뭘까?

[   ]

2 퀴즈왕은 거대한 게 괴물을 공격하기 위해 뭐라고 써야 할까? 다음 알파벳을 이용
해서 단어를 써 봐.

a r c b → [   ]

3 이번엔 오징어가 QQ에게 다가왔어. QQ는 얼른
'오징어'를 영어로 썼지. 그런데 오징어가 먹물을
쏘아서 글자 몇 개가 보이지 않아. 가려진 글자는
뭘까?

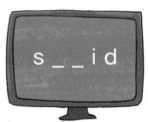

s _ _ i d

4 이때 거대한 새우가 나타나서 기다란 수염으로 QQ의 컴퓨터를 빼앗아 가려고 해.
새우를 물리치려면 QQ는 컴퓨터에 뭐라고 써야 할까?

s _ _ _ _ _ _

 함께 익히면 좋은 단어 | 바닷속 생물

fish 물고기 squid 오징어 octopus 문어 salmon 연어 tuna 참치
shrimp 새우 shark 상어 crab 게 oyster 굴

곤충, 벌레

똥파리를 삼킨 보아뱀

보아뱀 한 마리가 숲 속을 슬금슬금 기어다니고 있었어.

"I'm so hungry."

그런데 바로 그때 파리 한 마리가 윙윙거리는 거야. 보아뱀은 혀를 길게 내밀어 파리를 꿀꺽 삼키더니 이렇게 말했어.

"어휴, 입맛만 버렸네. 똥파리였나 봐."

때마침 폴짝폴짝 뛰고 있는 개구리가 보였어.

보아뱀이 개구리를 삼키면서 말했지.

"개구리야! 파리를 잡아먹어다오!"

그런데 파리가 요리조리 피하는 바람에 개구리가 보아뱀 배 속에서 팔딱팔딱 뛰어다녔지 뭐야.

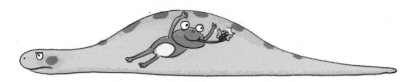

그래서 보아뱀이 고양이를 삼키며 이렇게 말했어.

"고양이야, 개구리 좀 먹어 다오!"

잠시 후 정말로 배 속이 잠잠해지는 것 같았어.

"Oh, I'm sleepy."

보아뱀은 입을 크게 벌리고는 하품을 쩌~억 했어. 바로 그 순간 벌 한 마리가 보아뱀 입으로 들어가서 배 속을 쿡쿡 찌르기 시작했어. 깜짝 놀란 보아뱀은 딸꾹질을 하기 시작했지. 그러자 배 속에 있던 것들이 모두 입 밖으로 튀어나왔단다.

1

보아뱀이 처음 삼킨 것은 무엇일까?

① bee   ② frog   ③ fly   ④ snake

2

보아뱀의 배 속에서 튀어나온 걸 모두 찾아봐.

① bee   ② frog   ③ elephant   ④ cat   ⑤ mouse   ⑥ dog   ⑦ fly

3

다음 날, 보아뱀은 먹고 싶은 것들을 마음껏 먹었어. 보아뱀의 배 속을 보고 보아뱀이 먹은 것들의 이름을 모두 써 봐.

a ＿ ＿ 〉 fly 〉 d ＿ ＿ ＿ ＿ ＿ ＿ n f ＿ y 〉 ＿ ＿ w

4

다음은 보아뱀이 삼킨 동물에 대한 설명이야. 어떤 동물인지 단어를 완성해 봐.

It can jump high. It likes to eat flies. It's green.

→ ＿ ＿ o ＿

 함께 익히면 좋은 단어 | 곤충, 벌레

dragonfly 잠자리 ant 개미 ladybug 무당벌레 caterpillar 애벌레
butterfly 나비 fly 파리 dung fly 똥파리 grasshopper 메뚜기 bee 벌

원시인 뼈 맞추기

고고학자 일행이 원시인의 흔적을 찾아 탐사를 떠났어. 그중 한 대원이 흙무덤을 파다가 소리쳤어.

"여기예요, 여기! 이곳에 원시인의 미라가 있어요!"

대원들은 미라를 연구실로 가져가기 위해 차에 옮겨 싣기로 했어.

그런데 이런!

한 대원이 미라를 들고 가다가 놓쳐 버렸지 뭐야. 결국 땅에 떨어진 미라는 산산조각이 나 버렸어.

"도대체 어떻게 하면 좋죠?"

"뼈 모양을 보고 맞추는 수밖에……."

대원들은 원시인의 몸을 생각하며 열심히 뼈 모양을 맞추기 시작했어.

1 다음 뼈들은 어느 부위의 뼈일까?

원시인의 미라를 완성할 수 있도록 바르게 연결해 봐.

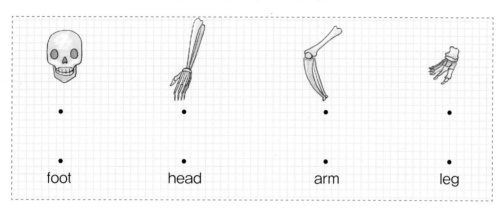

foot   head   arm   leg

2 다음은 박물관에 있는 원시인 모형이야. 모형에는 신체 각 부위의 이름이 적혀 있지. 신체 각 부위들의 이름을 완성해 봐.

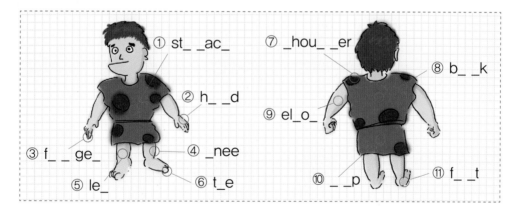

① st_ _ac_

② h_ _d

③ f_ _ ge_

④ _nee

⑤ le_

⑥ t_e

⑦ _hou_ _er

⑧ b_ _k

⑨ el_o_

⑩ _ _ _p

⑪ f_ _t

🐰 함께 익히면 좋은 단어 | 신체 부위별 이름

head 머리   arm 팔   hand 손   finger 손가락   knee 무릎

foot 발 (feet: 발들)   toe 발가락   leg 다리   stomach 배   shoulder 어깨

back 등   arm 팔   chest 가슴   rib 갈비뼈   ankle 발목   elbow 팔꿈치   hip 엉덩이

악어 선생님과 악어새

동물마을의 의사 선생님은 밀림에서 온 악어인데 아픈 곳을 말하기만 하면 척척 고쳐 주었대.

그런데 악어 선생님에게 고민거리가 생겼어. 이빨이 아팠던 거야. 예전엔 악어새가 이빨을 깨끗이 청소해 주었지만, 이곳으로 온 후로는 악어새를 볼 수가 없었거든.

그런데 마침 그때 머리가 아픈 악어새가 병원을 찾아온 게 아니겠어?

악어 선생님이 물었어.

"What's wrong?" 어디가 아프세요?
"I have a [❶   ]." 머리가 아파요.

악어새는 이 병원 선생님이 병을 잘 고친다는 소문을 듣고 이곳까지 날아왔던 거야.

악어 선생님은 악어새가 금방 낫도록 약을 지어 주었어.

그런데 갑자기 악어 선생님의 이빨이 더 아파오는 게 아니겠어?

악어 선생님이 이빨을 감싸며 얼굴을 찌푸리자 악어새가 물었어.

"What's wrong?" 어디가 아프세요?
"I have a [❷   ]." 이빨이 아파요.

이 말을 듣자마자 악어새는 악어 선생님 입 속으로 들어가서 깨끗하게 이빨을 청소해 주었단다.

1

[❶]에 들어갈 알맞은 단어는 뭘까?

① earache   ② runny nose   ③ headache   ④ toothache

2

[❷]에 들어갈 알맞은 단어는 뭘까?

① headache   ② toothache   ③ bloody nose   ④ stomachache

3

잠시 후, 강아지 한 마리가 상한 음식을 먹고 배가 아프다며 병원에 왔어. 글자를 바르게 나열해서 악어 선생님과 강아지의 대화를 완성해 봐.

What's wrong?

I have a (   ). [s t a m o c h a c h e]

4

이번엔 코끼리가 와서는 커다란 귀를 내밀었어. 귀에 파리가 들어가서 귀가 너무 아프다는 거야. 코끼리가 뭐라고 말했을지 다음 글자를 바르게 나열해 봐.

I have a (   ). [a r e e h c a]

 함께 익히면 좋은 단어 | 아플 때 쓰는 표현

cold 감기 toothache 치통	
cough 기침 cavity 충치	
backache 요통	
earache 귀앓이 fever 열	

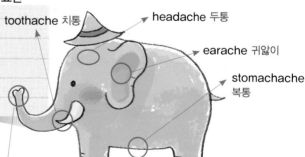

toothache 치통

headache 두통

earache 귀앓이

stomachache 복통

bloody nose 코피   runny nose 콧물

음식

요술 항아리

QQ마을의 한 마법사가 조수를 구한다는 광고를 냈어. 그 광고를 본 한 소년이 조수가 되고 싶다며 마법사를 찾아왔지.

마법사는 소년에게 항아리를 보여 주며 말했어.

"이건 요술 항아리란다. 먹고 싶은 음식은 뭐든 만들 수 있지. 이 항아리로 피자를 만들어 내면 널 조수로 뽑아 주겠다."

마법사는 시범으로 감자 수프를 만드는 법을 보여 주겠다고 했어.

"I'll show you how to make potato soup." 내가 감자 수프를 어떻게 만드는지 알려 줄게.

마법사는 종이에 [potato], [milk], [salt] 라는 단어를 적어서 항아리에 넣었어. 그랬더니 정말 감자 수프가 만들어지는 게 아니겠어?

"자, 이번엔 네가 감자 피자를 만들어 보거라. 난 마법사 모임에 다녀올 테니 그때까지 피자를 만들어 놓아야 통과다!"

마법사는 마법 요리책에서 피자를 만드는 재료가 그려진 페이지를 펼쳐 주었어.

야호! 감자와 우유, 소금은 아까 나왔던 재료라서 아무 걱정 없었어. 하지만 다른 재료들은 정확히 기억이 나지 않았어.

한참을 고민하고 있는데, 새 한 마리가 입에 종이를 물고 와 건네주더니 말했어.

"요즘 내가 좋아하는 단어 퍼즐이야. 여기에 그 단어가 모두 숨어 있대. 가로, 세로, 대각선으로 있으니까 잘 찾아봐. 그리고 밀가루 flour는 내가 찾아 놨어. 고맙지?"

1 소년에게 토마토, 양파, 치즈가 어디에 있는지 찾아서 알려 줘.

2 헉! 이번엔 마법사의 요리책에서 갑자기 그림이 모두 사라져 버린 게 아니겠어?
그리고 알파벳 순서가 뒤죽박죽되어 버렸어. 빈칸에 음식 이름을 제대로 쓰면 그
림이 나타난대. 알파벳을 잘 생각해서 요리책에 나타날 그림을 연결해 봐.

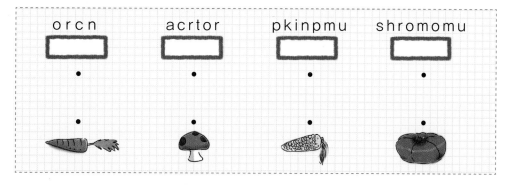

 함께 익히면 좋은 단어 | 음식

potato 감자 tomato 토마토 carrot 당근 cucumber 오이 onion 양파
pepper 후추 corn 옥수수 pumpkin 호박 bean 콩 mushroom 버섯
cabbage 양배추 spinach 시금치 garlic 마늘 lettuce 상추 radish 무

퀴즈왕 선발 대회

QQ가 다니는 학교에서 이번 주에 퀴즈 대회가 열린대. 자기가 좋아하는 과목을 정해서 대회에 참여하는 거래. 만약 영어를 좋아하면 영어 퀴즈 대회에 참여하면 되는 거지. 영어 수업 시간에 교실에서 퀴즈 대회가 열리는 거야.

다음은 QQ와 퀴즈짱, 퀴즈멍, 퀴즈꽝의 오늘 수업 시간표야.

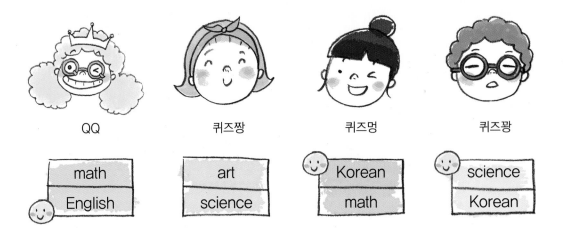

QQ, 퀴즈멍, 퀴즈꽝은 자기가 좋아하는 과목에 스티커를 붙여 놨어.

그런데 퀴즈짱은 스티커를 붙여 놓지 않았어. 궁금해진 QQ가 물었어.

Do you have art class today? 오늘 미술 수업이 있니?

Yes, I do. But I don't like art class. 응, 하지만 난 미술 수업을 좋아하지 않아.

What's your favorite subject? 가장 좋아하는 과목이 뭐니?

My favorite subject is [   ] . 내가 가장 좋아하는 과목은 [   ] 이야.

그러자 QQ가 웃으며 퀴즈짱이 출전할 과목에 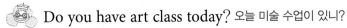 를 붙여 주었단다.

1 QQ, 퀴즈멍, 퀴즈짱이 퀴즈 대회에 참가하기 위해 공부를 하고 있어. 각자 어떤
과목 대회에 참가하게 될지 선으로 연결해 봐.

| QQ | 퀴즈멍 | 퀴즈짱 |

2 QQ는 퀴즈짱의 과목 중 어디에 를 붙였을까? 과목에 ◯표 해 봐.

art
science

3 다음 그림을 보고 대화를 완성해 봐.

1) What's your favorite subject?

My favorite subject is [   ].

2) What's your favorite subject?

My favorite subject is [   ].

🐰 함께 익히면 좋은 단어 | 과목

English 영어 math(=mathematics) 수학 (fine)art 미술 music 음악
Korean 국어 science 과학 physical education(PE) 체육
social studies 사회 field trip 현장학습

냉동 파리는 싫어

어느 봄날 밤, 동물원에서 동물들이 수다를 떨고 있었어.

토끼는 꽃들을 보며 말했어.

"I like [❶]. Flowers are everywhere."
나는 봄이 좋아. 어디에나 꽃이 피어 있거든.

토끼는 펭귄에게 어떤 계절을 좋아하는지 물었어.

"What season do you like?" 너는 어느 계절을 좋아하니?

펭귄은 하루 종일 스케이트를 탈 수 있는 겨울이 좋다고 했어.

"I like [❷]. I can skate all day." 나는 겨울이 좋아. 하루 종일 스케이트를 탈 수 있거든.

이야기를 듣고 있던 개구리가 말했어.

"I like [❸]. I can eat lots of flies." 나는 여름이 좋아. 파리를 많이 먹을 수 있어.

개구리는 여름을 좋아하는데, 그 이유가 파리를 맘껏 먹을 수 있기 때문이라지 뭐니? 이 동물원에선 겨울엔 냉동 파리를 주는데, 맛이 좀 별로라는 게 아니겠어? 아무래도 날아다니는 신선한 파리를 바로 잡아먹는 게 최고라는 거야.

토끼와 친구들은 개구리의 이야기를 듣고는 배꼽을 잡고 까르륵까르륵 웃었단다.

1 빈칸 [❶], [❷], [❸]에 들어갈 단어를 보기 단어에서 골라서 써 봐.

보기   spring   summer   fall   winter

❶ [   ]   ❷ [   ]   ❸ [   ]

2 다음 계절의 날씨를 나타내는 알맞은 말을 선으로 이어 봐.

spring   summer   fall   winter
•   •   •   •

•   •   •   •
cold   warm   hot   cool

3 다음 단어들을 이용해서 질문과 답을 만들어 봐.

A : (you / do / summer / like / ?) 넌 여름을 좋아해?

_____

B : Yes, I do. (swimming / go / I / summer / in.)
   응, 난 여름에 수영하러 가.

_____

 함께 익히면 좋은 단어 | 계절

spring 봄 summer 여름 fall(autumn) 가을 winter 겨울
warm 따뜻하다 hot 덥다 cool 시원하다 cold 춥다

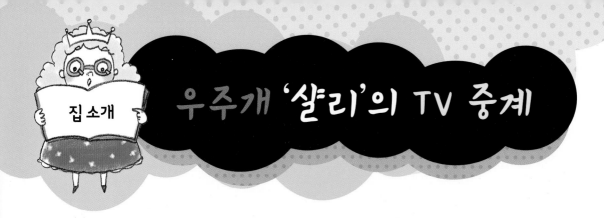

우주개 '샬리'의 TV 중계

우주 비행사들이 강아지 '샬리'와 함께 우주 비행을 하기로 했어. '샬리'는 말하는 강아지인데, TV를 통해 우주선 안의 모습을 설명하기로 되어 있었지.

지금 TV에 샬리의 모습이 나오고 있어. 그런데 샬리가 똥이 마려웠나 봐. 변기 위에 앉아서 힘을 주고 있는 게 아니겠어?

그래도 똑똑한 샬리는 카메라를 향해 씩 웃어 보이며 말했어.

"I'm in the [❶]."

똥을 다 눈 샬리가 공중을 둥둥 떠서 어디론가 갔어. 그곳 벽에는 침낭이 있었어. 다른 우주 비행사 한 명이 그 안에서 쿨쿨 잠을 자고 있었지. 샬리는 조그마한 자기 침낭 안에 들어가서는 자기가 침실에 있다고 말했어.

"I'm in the [❷]."

마지막으로 샬리가 간 곳은 부엌이었어. 한쪽 구석엔 개밥 통조림이 잔뜩 쌓여 있었지. 그런데 샬리가 TV 중계를 하다 말고 개밥 통조림을 먹으며 행복해하는 게 아니겠어?

그때 스튜디오에 있던 아나운서가 물었어.

"Where are you, Shali?" 어디에 있어요, 샬리?

정신이 번쩍 든 샬리는 입에 개밥을 잔뜩 묻힌 채 말했어.

"I'm in the [❸]."

1

[❶]과 [❷]에 들어갈 단어가 바르게 연결된 것은?

① bedroom – living room

② living room – bathroom

③ kitchen – bedroom

④ bathroom – bedroom

2

[❸]에 들어갈 알맞은 단어를 써 봐.

_____

3

샬리가 무사히 집에 돌아왔어. 샬리는 지금 거실에서 TV 뉴스에 계속 나오는 자기 모습을 보며 웃고 있어. 그때 기자들이 샬리의 주인에게 전화해서 이렇게 물었어. ( ) 안의 단어를 잘 나열해서 대답을 완성해 봐.

Where is Shali?

(is / in / living room / he / the) _____.

 함께 익히면 좋은 단어 | 집

living room 거실 bedroom 침실 bathroom 화장실 kitchen 부엌

마녀와 시간표 괴물

어느 마을에 알파벳을 먹는 괴물이 살았어. 하루는 이 괴물이 마녀의 조수 시간표에 있는 알파벳 몇 개를 야금야금 먹어 버린 게 아니겠어?

화가 난 조수는 마법을 걸어서 괴물을 감옥에 가두고서 말했어.

"내가 알파벳을 뱉어 내는 약을 만들어 올 테니, 그 약을 먹고 시간표를 제대로 만들어 놔. 시간표를 완성하기 전엔 감옥에서 절대로 못 나갈 줄 알라고!"

조수는 약을 만들었어.

"음…… 과연 이 약이 제대로 만들어진 걸까?"

조수는 궁금한 마음으로 괴물에게 약을 먹였어. 약은 효과가 있었어. 괴물이 약을 먹자마자 알파벳을 뱉어 내기 시작한 거야.

이제 알파벳을 제자리에 끼워 넣기만 하면 돼. 괴물이 감옥을 나갈 수 있게 도와줘!

Sunday	❶ ❷nday	Tu❸sday	Wed❹esday	Thur❺day	F❻iday	Sa❼urday

1 시간표의 빈칸에 괴물이 먹어 버린 알파벳을 채워 봐.

❶ _ ❷ _ ❸ _ ❹ _ ❺ _ ❻ _ ❼ _

2 괴물이 약을 먹고 나서 알파벳을 뱉어 내기 시작했어. 알파벳을 뱉은 순서대로 놓
았더니 하나의 단어가 만들어졌어. 무슨 단어일까?

❶ __ ❷ __ ❹ __ ❺ __ ❼ __ ❸ __ ❻ __

① 시간표   ② 시계   ③ 괴물   ④ 고양이

3 마법을 풀기 위한 마지막 관문! 오늘이 무슨 요일인지 알아맞혀야 돼.

"What day is it today?"

조수들을 보니 빗자루를 타고 날아다니는 수업을 하고 있었어. 괴물은 뭐라고 대
답해야 할까? (   )에 들어갈 단어를 써 봐.

It's (   ).

함께 익히면 좋은 단어 | 요일

Sunday 일요일 Monday 월요일 Tuesday 화요일 Wednesday 수요일
Thursday 목요일 Friday 금요일 Saturday 토요일

피라미드와 황금 달력

어리숙한 도굴꾼 두 명이 피라미드 안에 황금 달력이 있다는 소문을 들었어. 그래서 피라미드를 찾아 헤매었지. 드디어 피라미드를 찾아내자, 피라미드의 문지기인 스핑크스가 이렇게 말했어.

달력에서 빠진 알파벳들이 있다.
그 알파벳들을 순서대로 놓으면
왕이 태어난 달을 알 수 있을 것이다.
그 달을 영어와 숫자로 말해라.
답을 맞히면 비밀의 문이 열리겠지만
마지막 힌트를 줄 때까지 대답을 하지 못하면
감옥에 갇히게 될 것이다.

문에는 이렇게 그려져 있었어.

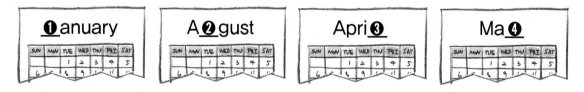

멍청한 도굴꾼은 도무지 답을 알 수 없었어. 그래서 그냥 '1'이라고 했다가 바로 감옥에 갇히고 말았지. 그런데 다행히 친구가 답을 맞혔어. 드디어 비밀의 문이 열렸고 스핑크스가 잠든 사이에 친구를 감옥에서 꺼내 주었단다.

1 도굴꾼 친구가 빠진 알파벳을 순서대로 이어서 왕이 태어난 달을 맞혔어. 도굴꾼이 말한 달의 이름과 알파벳 숫자는 뭘까? 빈칸에 적어 봐.

> **❶** anuary   A **❷** gust   Apri **❸**   Ma **❹**
>
> 1) 달의 이름 : ＿ ＿ ＿ ＿
> 　　　　　　 ❶ ❷ ❸ ❹
>
> 2) 알파벳 숫자 : ＿＿

2 친구는 황금 달력을 찾았어. 황금 달력은 달 이름이 황금으로 되어 있었지. 친구는 달력에서 다음과 같은 황금 글자들을 가지고 나왔어. 몇 월 달력에서 가져온 글자인지 달 이름과 함께 써 봐.

> 보기　　a m y : May 5월

1) o v n e b m e r : ＿＿＿＿＿ (　　)월

2) a c m r h : ＿＿＿＿＿ (　　)월

3) s p t b m e e e r : ＿＿＿＿＿ (　　)월

🐰 **함께 익히면 좋은 단어 | 월**

January 1월	February 2월	March 3월	April 4월	May 5월
June 6월	July 7월	August 8월	September 9월	October 10월
November 11월	December 12월			

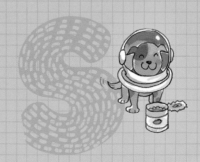

부록

- 초등영어 기본 800단어
- 불규칙 동사표
- 정 답

초등영어 기본 800단어

	A	
1	a/an	하나의
2	about	~에 대해
3	across	~을 가로질러
4	act	행동/행동하다
5	address	주소
6	afraid	두려워하는, 겁내는
7	after	~후에
8	afternoon	오후
9	again	다시
10	age	나이
11	ago	~전에
12	air	공기
13	airport	공항
14	album	앨범
15	all	모두
16	along	~을 따라서
17	always	항상
18	among	~사이에서
19	and	그리고
20	angry	화난, 성난
21	animal	동물
22	answer	대답
23	any	어떤
24	apartment	아파트
25	apple	사과
26	arm	팔
27	around	~주위에
28	arrive	도착하다

29	as	~처럼/~로서
30	ask	묻다
31	at	~에, ~에서
32	aunt	이모,고모, (외)숙모
33	autumn	가을
34	away	떨어져
	B	
35	baby	아기
36	back	등, 뒤로
37	bad	나쁜
38	bag	가방
39	ball	공
40	balloon	풍선
41	banana	바나나
42	band	끈/밴드
43	bank	은행
44	base	기초
45	basket	바구니
46	bath	목욕, 욕조
47	be	~이다
48	beach	해변
49	bear	곰
50	beautiful	아름다운
51	because	~때문에
52	become	~이 되다
53	bed	침대
54	before	~전에
55	begin	시작하다
56	behind	~뒤에

57	bell	종		93	buy	사다
58	below	~아래에		94	by	~옆에, ~로(수단, 방법)
59	bench	긴의자		95	bye	안녕
60	beside	~옆에		C		
61	between	~사이에		96	calendar	달력
62	bicycle	자전거		97	cake	케이크
63	big	큰		98	call	~라고 부르다, ~에게 전화하다
64	bird	새				
65	birthday	생일		99	camera	카메라
66	black	검정색		100	camp	캠프
67	blow	불다		101	can	~할 수 있다
68	blue	푸른		102	candle	양초
69	board	판자		103	candy	사탕
70	boat	배		104	cap	모자
71	body	몸		105	capital	수도/대문자
72	book	책		106	captain	선장, 대위
73	bottle	병		107	car	자동차
74	bowl	(우묵한) 그릇		108	card	카드
75	box	상자		109	care	걱정/돌보다
76	boy	소년		110	carry	나르다
77	bread	빵		111	case	경우
78	break	깨뜨리다		112	cassette	카셋트
79	breakfast	아침 식사		113	cat	고양이
80	bridge	다리		114	catch	붙잡다
81	bright	밝은		115	ceiling	천장
82	bring	가져오다		116	center	중앙
83	brother	형제		117	chair	의자
84	brown	갈색		118	chalk	분필
85	brush	붓, 솔		119	chance	기회
86	build	건설하다		120	change	바꾸다
87	burn	불타다/태우다		121	cheap	값싼
88	bus	버스		122	cheese	치즈
89	busy	바쁜		123	chicken	닭
90	but	그러나		124	child	어린이
91	butter	버터		125	chopstick	젓가락
92	button	단추		126	church	교회

127	circle	원
128	city	도시
129	class	학급
130	classmate	반친구
131	clean	깨끗한
132	climb	오르다
133	clock	시계
134	close	닫다
135	clothes	옷
136	cloud	구름
137	club	클럽
138	coat	코트
139	coffee	커피
140	coin	동전
141	cold	추운
142	color	색깔
143	come	오다
144	computer	컴퓨터
145	cook	요리하다
146	cool	시원한
147	copy	복사(본)/베끼다
148	corner	모퉁이
149	count	세다
150	country	국가, 지역
151	course	과정
152	cousin	사촌
153	cover	덮다
154	cow	소
155	crayon	크레용
156	cream	크림
157	cross	가로지르다
158	cry	울다
159	cup	컵
160	curtain	커튼
161	cut	자르다

D		
162	daddy	아빠
163	dance	춤추다
164	danger	위험
165	dark	어두운
166	date	날짜, (만날) 약속
167	daughter	딸
168	day	낮/하루
169	dead	죽은
170	deep	깊은
171	dear	사랑하는, 존경하는
172	desk	책상
173	dial	다이얼
174	diary	일기
175	dictionary	사전
176	die	죽다
177	dinner	저녁 식사
178	dirty	더러운
179	dish	접시
180	do	하다
181	doctor	의사
182	dog	개
183	doll	인형
184	dollar	달러
185	dolphin	돌고래
186	door	문
187	down	아래로, 아래에
188	draw	그리다
189	dream	꿈
190	dress	드레스
191	drink	마시다
192	drive	운전하다
193	drop	떨어지다/방울
194	drum	북, 드럼
195	dry	마른, 건조한
196	duck	오리

	E	
197	ear	귀
198	early	일찍
199	earth	지구
200	east	동쪽
201	easy	쉬운
202	eat	먹다
203	egg	계란
204	empty	텅빈
205	end	끝
206	engine	엔진
207	enjoy	즐기다
208	enough	충분한
209	eraser	지우개
210	evening	저녁
211	every	모든/모두의
212	example	예/보기
213	excellent	뛰어난
214	excite	(기대감으로)흥분시키다
215	excuse	변명, 이유
216	exercise	운동(하다), 연습
217	eye	눈
	F	
218	face	얼굴
219	fact	사실
220	fair	공정한, 공평한
221	fall	가을/떨어지다
222	family	가족
223	far	멀리, (~만큼) 떨어져
224	farm	농장
225	fast	빠른
226	fat	살찐
227	famous	유명한
228	father	아버지
229	feel	느끼다
230	few	많지 않은, 약간의

231	field	들판/경기장
232	fight	싸움
233	fill	채우다
234	film	필름
235	find	찾다
236	fine	좋은/맑은
237	finger	손가락
238	finish	끝내다
239	fire	불
240	fish	고기/낚시하다
241	fix	고정시키다
242	flag	깃발
243	floor	바닥, 층
244	flower	꽃
245	fly	날다
246	follow	뒤따르다
247	food	음식
248	fool	바보
249	foot	발
250	for	~을 위하여/~동안
251	forget	잊다
252	fork	포크
253	free	자유로운
254	fresh	신선한
255	friend	친구
256	from	~로부터
257	front	앞/정면
258	fruit	과일
259	full	가득 찬
260	fun	즐거움
	G	
261	game	놀이, 게임
262	garden	정원
263	gas	기체, 가스
264	gate	문
265	gentle	온화한

266	get	얻다		301	heart	마음/심장
267	girl	여자아이, 소녀		302	heavy	무거운
268	give	주다		303	hello	안녕, 여보세요
269	glad	기쁜		304	help	돕다
270	glass	유리/잔		305	hen	암탉
271	glove	장갑		306	here	여기에
272	go	가다		307	hi	안녕!
273	God	하나님		308	hide	숨기다
274	gold	금		309	high	높은
275	good	좋은		310	hiking	하이킹
276	grandmother	할머니		311	hill	언덕
277	grape	포도		312	hit	치다, 때리다
278	grass	풀/잔디		313	hold	잡다
279	gray	회색		314	hole	구멍
280	great	큰, 위대한		315	holiday	휴일
281	green	녹색		316	home	집
282	ground	땅, 지면		317	hope	희망, 바라다
283	group	무리, 그룹		318	hose	호스
284	grow	커지다, 자라다		319	horse	말
285	guitar	기타		320	hospital	병원
H				321	hot	뜨거운
286	hair	머리카락		322	hotel	호텔
287	half	절반		323	hour	시간
288	hall	현관, 복도, 홀		324	house	집
289	hamburger	햄버거		325	how	어떻게
290	hand	손		326	hundred	백(100)
291	handle	손잡이(핸들), 다루다		327	hungry	배고픈
292	happen	발생하다		328	hurry	서두르다
293	happy	행복한		329	hurt	다치게 하다
294	hard	단단한/열심히		**I**		
295	hat	모자		330	I	나
296	hate	미워하다		331	ice	얼음
297	have	가지다, 있다		332	idea	생각, 아이디어
298	he	그		333	if	만약 ~라면
299	head	머리		334	ill	아픈
300	hear	듣다		335	in	~에

336	ink	잉크		369	leaf	잎
337	interest	관심, 흥미		370	learn	배우다
338	into	~안으로		371	leave	떠나다
339	introduce	소개하다		372	left	왼쪽
340	island	섬		373	leg	다리
341	it	그것		374	lesson	수업(시간), 과
	J			375	let	허락하다, 시키다
342	job	직업		376	letter	편지
343	join	연결하다, 가입하다		377	library	도서관
344	juice	주스		378	lie	눕다/거짓말하다
345	jump	뛰어오르다, 점프하다		379	light	빛
346	jungle	밀림, 정글		380	like	좋아하다
347	just	오직/바로		381	line	선/줄
	K			382	lion	사자
348	keep	유지하다, ~을 계속하다		383	lip	입술
349	key	열쇠		384	list	목록
350	kick	차다		385	listen	듣다
351	kid	아이		386	little	작은
352	kill	죽이다		387	live	살다/생생한
353	kind	친절한/종류		388	long	긴
354	king	왕		389	look	바라보다
355	kitchen	부엌		390	lose	잃어버리다
356	knee	무릎		391	lot	많음
357	knife	칼		392	loud	소리가 큰
358	knock	두드리다		393	love	사랑, 사랑하다
359	know	알다		394	low	낮은
	L			395	luck	행운
360	lady	숙녀		396	lunch	점심식사
361	lake	호수			**M**	
362	lamp	등불		397	ma'am	아주머니, 부인
363	land	땅		398	mad	미친
364	large	큰/넓은		399	mail	우편
365	last	마지막/최근에		400	make	만들다
366	late	늦은		401	man	사람/남자
367	laugh	웃다		402	many	많은
368	lead	인도하다		403	map	지도

404	march	행진/3월(March)		439	near	가까운
405	market	상점		440	neck	목
406	marry	결혼하다		441	need	필요하다
407	matter	문제		442	never	결코 ~않다
408	may	~해도 좋다/5월(May)		443	new	새로운
409	meat	고기		444	news	뉴스
410	medal	메달		445	next	다음의
411	meet	만나다		446	nice	좋은
412	melon	멜론		447	night	밤
413	meter	미터		448	no	아니다/없다
414	middle	한가운데		449	noise	소음
415	milk	우유		450	north	북쪽
416	million	100만, 수많은		451	nose	코
417	minute	분/순간		452	not	아니다
418	mirror	거울		453	note	공책
419	Miss	~양/호칭		454	now	지금
420	model	모형, 모델		455	number	숫자
421	mommy	엄마		456	nurse	간호원
422	money	돈		**O**		
423	monkey	원숭이		457	o'clock	~시 정각
424	month	달/개월		458	of	~의
425	moon	달		459	off	~에서 멀리 떨어진
426	morning	아침		460	office	사무실
427	mother	어머니		461	often	흔히/자주
428	mountain	산		462	oh	오!
429	mouth	입		463	oil	기름
430	move	움직이다		464	okay/ok	좋아
431	movie	영화		465	old	나이가 많은, ~살의
432	Mr.	~씨		466	on	~위에
433	Mrs.	~부인		467	once	한번
434	much	많은		468	only	오직
435	music	음악		469	open	열린, 열다
436	must	~해야 한다		470	or	또는
N				471	orange	오렌지
437	name	이름		472	other	다른
438	narrow	좁은		473	out	밖에

474	over	~위쪽에
	P	
475	page	쪽, 페이지
476	paint	칠하다
477	pair	짝
478	pants	바지
479	paper	종이
480	pardon	용서, 용서하다
481	parent	부모
482	park	공원
483	party	파티
484	pass	지나가다/합격하다
485	pay	지불하다
486	peace	평화
487	pear	배
488	pen	펜/만년필
489	pencil	연필
490	people	사람
491	piano	피아노
492	pick	고르다, 선택하다, 따다
493	picnic	소풍
494	picture	그림
495	piece	조각
496	pig	돼지
497	pilot	조종사
498	pin	핀
499	pine	소나무
500	pink	분홍
501	pipe	파이프/관
502	place	장소
503	plan	계획
504	plane	비행기
505	plant	식물, ~을 심다
506	play	놀다
507	please	기쁘게 하다/제발
508	pocket	주머니

509	point	점수/요점
510	police	경찰
511	pool	수영장, 웅덩이
512	poor	가난한
513	post	기둥/우편
514	poster	포스터
515	potato	감자
516	practice	실천/습관, 연습하다
517	present	현재/선물
518	pretty	예쁜
519	print	인쇄하다
520	problem	문제
521	pull	끌다, 끌어당기다
522	push	밀다
523	put	놓다
	Q	
524	queen	여왕
525	question	질문
526	quick	빠른
527	quiet	조용한
	R	
528	radio	라디오
529	rain	비
530	rainbow	무지개
531	read	읽다
532	ready	준비가 된
533	real	진짜의, 실제의
534	record	기록, 기록하다
535	red	빨강
536	remember	기억하다
537	repeat	반복하다
538	rest	휴식
539	restaurant	식당
540	return	되돌아가다
541	ribbon	리본
542	rice	쌀

543	rich	부유한		578	she	그녀
544	ride	타다		579	sheep	양
545	right	오른쪽/옳은		580	sheet	시트/한 장
546	ring	반지/고리/전화하다		581	ship	배
547	river	강		582	shirt	셔츠
548	road	길		583	shoe	구두
549	robot	로봇		584	shoot	쏘다
550	rock	바위		585	shop	가게
551	rocket	로켓		586	short	짧은
552	roll	구르다		587	shoulder	어깨
553	roof	지붕		588	shout	외치다
554	room	방		589	show	보여 주다
555	rose	장미		590	shower	소나기/샤워
556	round	둥근		591	shut	닫다
557	ruler	자		592	sick	아픈
558	run	달리다		593	side	옆/측면
	S			594	sign	기호/신호
559	sad	슬픈		595	silver	은
560	safe	안전한		596	sing	노래하다
561	salt	소금		597	sir	~님/~씨
562	salad	샐러드		598	sister	자매
563	same	같은		599	sit	앉다
564	sand	모래		600	size	크기
565	say	말하다		601	skate	스케이트
566	school	학교		602	skirt	치마
567	score	점수		603	sky	하늘
568	sea	바다		604	sleep	잠자다
569	season	계절		605	slide	미끄러지다
570	seat	의자/좌석		606	slow	느린
571	see	보다		607	small	작은
572	sell	팔다		608	smell	냄새나다, 냄새를 맡다
573	send	보내다		609	smile	웃다
574	service	봉사하다		610	smoke	연기
575	set	놓다		611	snow	눈
576	shall	~일 것이다		612	so	그렇게, 너무, 정말
577	shape	모양		613	soap	비누

614	soccer	축구		649	stove	난로
615	sock	양말		650	straight	곧은, 똑바로
616	soft	부드러운		651	strange	이상한/낯선
617	some	약간의		652	strawberry	딸기
618	son	아들		653	street	거리
619	song	노래		654	strike	치다, 때리다
620	soon	곧		655	strong	강한
621	sorry	미안한/유감스러운		656	student	학생
622	sound	소리		657	study	공부하다
623	soup	수프		658	stupid	어리석은
624	south	남쪽		659	subway	지하철
625	space	공간/우주		660	sugar	설탕
626	speak	이야기하다		661	summer	여름
627	speed	속력		662	sun	태양
628	spell	철자		663	supermarket	슈퍼마켓
629	spend	(돈을) 쓰다, (시간을) 보내다		664	supper	저녁 식사
				665	sure	확실한
630	spoon	숟가락		666	surprise	놀라운
631	sport	스포츠, 운동경기		667	sweater	스웨터
632	spring	봄/용수철		668	sweet	달콤한
633	square	정사각형		669	swim	수영, 수영하다
634	stairs	계단		670	swing	흔들리다, 흔들다
635	stamp	우표, 도장, 스탬프		671	switch	스위치
636	stand	서다			**T**	
637	star	별		672	table	식탁/탁자
638	start	출발하다		673	take	잡다/가져가다
639	station	정거장		674	talk	말하다
640	stay	머물다		675	tall	키가 큰
641	steam	증기		676	tape	테이프
642	step	한 걸음		677	taste	맛보다
643	stick	막대기		678	taxi	택시
644	stone	돌		679	tea	차
645	stop	멈추다		680	teach	가르치다
646	store	가게		681	team	팀
647	storm	폭풍우		682	telephone	전화기
648	story	이야기		683	television	텔레비전

684	tell	말하다	720	town	도시
685	temple	절	721	toy	인형
686	tennis	테니스	722	train	기차, 교육시키다
687	test	시험	723	travel	여행하다
688	than	~보다도	724	tree	나무
689	thank	감사하다	725	trip	여행
690	that	그것	726	truck	트럭
691	the	그/정관사	727	true	참된/진짜의
692	then	그때	728	try	노력/시도하다
693	there	거기에, 그곳에	729	tulip	튤립
694	they	그들	730	turn	돌다, 차례
695	thick	두꺼운	731	twice	두번
696	thin	얇은		U	
697	thing	사물	732	umbrella	우산
698	think	생각하다	733	uncle	삼촌
699	thirsty	목이 마른, 갈증이 나는	734	under	~아래에서
700	this	이것	735	understand	이해하다
701	thousand	천(1000)	736	until	~까지
702	through	~을 통해	737	up	위에
703	throw	던지다	738	use	사용하다
704	ticket	표	739	usual	보통의
705	tie	매다		V	
706	tiger	호랑이	740	vacation	휴가
707	till	~까지	741	vegetable	야채
708	time	시간	742	very	매우, 정말
709	tired	피곤한	743	video	비디오
710	to	~으로/~까지	744	village	마을
711	today	오늘/현재	745	visit	방문하다
712	together	함께	746	violin	바이올린
713	tomato	토마토		W	
714	tomorrow	내일	747	wait	기다리다
715	tonight	오늘밤	748	wake	잠이 깨다
716	too	너무(~한), ~도(또한)	749	walk	걷다
717	tooth	이	750	wall	벽
718	top	꼭대기	751	want	원하다
719	touch	만지다	752	war	전쟁

753	warm	따뜻한
754	wash	씻다
755	waste	낭비하다
756	watch	보다
757	water	물
758	way	길
759	we	우리
760	weak	약한
761	wear	(옷, 모자 등을) 입고 있다
762	weather	계절
763	week	한 주
764	welcome	환영하다
765	well	잘
766	west	서쪽
767	wet	젖은
768	what	무엇/의문사
769	when	언제/의문사
770	where	어디에/의문사
771	which	어느(어떤)/의문사
772	white	흰, 흰색의
773	who	누구/의문사
774	why	왜/의문사
775	wide	넓은
776	will	~할 것이다
777	win	이기다
778	wind	바람
779	window	창문
780	wing	날개
781	winter	겨울
782	with	~와 함께
783	woman	여자
784	wonder	궁금하다, 궁금해하다
785	wood	나무
786	word	낱말/말
787	work	일

788	world	세상
789	write	쓰다
790	wrong	나쁜
	Y	
791	yeah	응, 그래(=yes)
792	year	해/1년
793	yellow	노랑색
794	yes	네/대답
795	yesterday	어제
796	yet	아직
797	you	당신
798	young	젊은
	Z	
799	zero	영(0)
800	zoo	동물원

불규칙 동사표

뜻	현재형	과거형	과거분사
현재형과 과거형, 과거분사형이 모두 다른 동사			
~이다, ~이 있다	be(am, is, are)	was/were	been
시작하다	begin	began	begun
깨뜨리다	break	broke	broken
고르다, 선택하다	choose	chose	chosen
하다	do	did	done
마시다	drink	drank	drunk
운전하다	drive	drove	driven
먹다	eat	ate	eaten
떨어지다, 빠지다	fall	fell	fallen
날다	fly	flew	flown
잊다	forget	forgot	forgotten
주다	give	gave	given
받다/ 얻다	get	got	got/gotten
가다	go	went	gone
자라다	grow	grew	grown
알다	know	knew	known
눕다	lie	lay	lain
실수하다	mistake	mistook	mistaken
타다	ride	rode	ridden
벨(또는 종)이 울리다	ring	rang	rung
오르다	rise	rose	risen
흔들다	shake	shook	shaken
보여 주다	show	showed	shown
노래하다	sing	sang	sung
말하다	speak	spoke	spoken

수영하다	swim	swam	swum
가지고 가다/데리고 가다	take	took	taken
입다	wear	wore	worn
쓰다	write	wrote	written
과거형과 과거분사형이 같은 동사			
가져오다/데려오다	bring	brought	brought
(건물을) 짓다/건설하다	build	built	built
사다	buy	bought	bought
잡다	catch	caught	caught
(땅을) 파다	dig	dug	dug
먹이를 주다/먹이다	feed	fed	fed
느끼다	feel	felt	felt
걸다/매달다	hang	hung	hung
가지다	have	had	had
듣다	hear	heard	heard
잡고있다/쥐다/개최하다	hold	held	held
유지하다/가지고있다	keep	kept	kept
놓다/두다/눕히다	lay	laid	laid
떠나다	leave	left	left
빌려 주다	lend	lent	lent
잃다/지다	lose	lost	lost
만들다	make	made	made
뜻하다/의미하다	mean	meant	meant
만나다	meet	met	met
돈을 내다	pay	paid	paid
말하다	say	said	said
팔다	sell	sold	sold
보내다	send	sent	sent
쏘다	shoot	shot	shot
앉다	sit	sat	sat
자다	sleep	slept	slept
(돈을) 쓰다/(시간을) 보내다	spend	spent	spent
서다, 서 있다/ 일어서다	stand	stood	stood

흔들리다	swing	swung	swung
가르치다	teach	taught	taught
말하다	tell	told	told
생각하다	think	thought	thought
이해하다	understand	understood	understood
이기다	win	won	won
감다	wind	wound	wound
현재형과 과거분사형이 같은 동사			
~이 되다	become	became	become
오다	come	came	come
달리다	run	ran	run
현재형과 과거형, 과거분사형이 모두 같은 동사			
자르다	cut	cut	cut
치다/때리다	hit	hit	hit
다치게 하다/아프다	hurt	hurt	hurt
(~하게) 놓아두다/내버려 두다	let	let	let
놓다/두다	put	put	put
닫다	shut	shut	shut
주의할 동사들			
눕다	lie	lay	lain
거짓말하다	lie	lied	lied
놓다/두다/눕히다	lay	laid	laid

찾다/발견하다	find	found	found
설립하다	found	founded	founded

마법 개구리와 달콤한 파리 | 관사 a/an   17

1. an / a / a / an / a
2. [diagram connecting dots to "a" and "an"]
3. 1) a   2) an
   3) a   4) an

애완동물 뽐내기 대회 | 관사 the   21

1. 1) A → The
   2) the → a
2. the
3. 1) the   2) the   3) the, the

마녀들의 상점 | 명사의 복수형   25

1. apples / apples
2. toothbrushes
3. 1 mouse / 50 mice
4. flowers / bags
5. 1) boxes   2) watches
   3) men   4) feet
   5) sheep   6) children

알라딘의 요술 램프 | 셀 수 없는 명사   29

1. s
2. 1) glasses   2) water

3. I want 2 cups of milk.
4. love / milk / sugar/ water
5. 1) ①   2) ②

대장 외계인의 실수 | 지시대명사   33

1. ❶ that   ❷ this
2. That
3. These
4. Those
5. this, It

밸런타인데이 이벤트 | 인칭대명사   37

1. He
2. his
3. him
4. your, My
5. 1) I   2) you   3) them
   4) Our   5) their

신데렐라의 유리 구두 | 소유대명사   41

1. my shoe
2. mine
3. Whose
4. yours
5. mine

네로의 편지 | be 동사　45

1. 1) are　　2) is
2. is not
3. isn't
4. 1) are　2) am　3) is　4) are
5. 1) I am ∨ hungry.
　　2) You are ∨ pretty.
　　3) She is ∨ sleepy.

후크 선장과 앵무새 | be 동사 의문문　49

1. Are
2. No, I'm not. (○)
3. ❹ – ❷ – ❶ – ❸
4. ②

날씬해진 살로만 공주 | be 동사 과거형　53

1. was
2. am
3. are
4. Were / was

엄친아의 하루 일과 | 일반 동사　57

1. play
2. watch
3. ❶
4. ❹ – ❷ – ❶ – ❸
5. They don't like comic books.

청개구리들의 낙서 | 3인칭 단수 동사　61

1. ②
2.

(우측 열)

3. 1) does　　2) goes　　3) watches
4. doesn't speak

암호를 풀어라 | 일반 동사 의문문　65

1.
2. ④
3. Do they study English hard?
4. Does / play
5. 1) do / don't
　　2) does / doesn't

정글 탐험 | 현재 진행형　69

1. ②
2. ②
3. ②
4. ①
5. ③

타임머신 | 동사의 과거형　73

1. ②
2. ②
3. 1) wanted　　2) played
4. 1) had　　2) did
　　3) made　　4) became
5. I helped my mom.

나나야, 너 어제 왕파리 만났니? | 과거 의문문　77

1. Did / did
2. meet
3. didn't
4. did
5. ③

1. can
2. ❹ – ❷ – ❶ – ❸
3. can't
4. fly
5. ❸ – ❶ – ❷ – ❺ – ❹

1. must
2. ❹ – ❷ – ❶ – ❸ – ❺
3. must not
4. must be
5. study

1. ❺ – ❶ – ❹ – ❷ – ❸
2. ③
3. will
4. ③

1. 1) fat   2) short
   3) red   4) white
2. 1) thin   2) long
3. big – small
   happy – sad
   fast – slow
   difficult – easy
   hard – soft

1.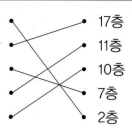
the second floor — 2층
the seventeenth floor — 17층
the seventh floor — 7층
the eleventh floor — 11층
the tenth floor — 10층

2. on fifth
3. ❹ – ❶ – ❸ – ❺ – ❷

1. 1) many apples (√)
   2) much sugar (√)
   3) a lot of milk (√)
   4) a lot of juice (√)
2. many
3. much

1. 1) so   2) carefully   3) very well
2. 1) careful   2) carefully
3. fast
4. 1) happily   2) so much
5. I can speak English very well.

1.
   always

2.
   never

3. ❹ – ❷ – ❸ – ❶

4. sometimes

5. I (√) play (　　) baseball (　　).

늑대와 막내 양 | 장소를 나타내는 전치사 ❶　　111

1. under

2. o → i

짜장면 배달 | 장소를 나타내는 전치사 ❷　　113

1.

태권호랑이 vs 쿵푸팬더 | 시간을 나타내는 전치사　　115

1. ③

빨간 망토 소녀 | 기타 전치사 ❶　　117

1. ❶ by　　❷ to
　　❸ with　　❹ for

스핑크스와 비밀의 방 | 기타 전치사 ❷　　119

1. for
2. 1) at
　　2) for
　　3) after

메롱바이러스에 걸린 컴퓨터 | 접속사　　123

1. 1) and　　2) but
　　3) so　　4) or
　　5) because
2. 1) and　　2) but

---

3) or　　4) so
5) because

팅커벨, 가수왕에 도전하다 | 의문사　　127

1.

What's your name?　　　　　　I live in Neverland.
Who's your favorite singer?　　I'm 11 years old.
When is your birthday?　　　　My name is Tinkerbell.
How old are you?　　　　　　 Because I'm so sad.
Where do you live?　　　　　 My favorite singer is Danny.
Why are you crying?　　　　　My birthday is May 20th.

2. 1) Who is your favorite singer?
　　2) Where are you from?
　　3) What is your hobby?
　　4) When do you go to bed?
　　5) Why are you so happy?
　　6) How do you go to school?

똥파리 위치 추적기 | There is~/There are~　　131

1. ①
2. are / no
3. 1) is　　2) are
4. Are there 5 dogs in the yard?

로봇 조종 리모컨 | 긍정 명령문/부정 명령문　　135

1. [Don't] [Sing] [a song]
2. Be
3. (Don't) (be)
4. [Clean] [the room]
5. [Sleep]

'파리시대' 오디션 | Let's 문   139

Let's have a party!

Let's sing!

Let's go skating!

Let's go on a picnic on Sunday!

동물마을 달리기 대회 | 비교급/최상급 ❶   143

1. ③ slowest slower slow
2. ③
3. 1) bigger   biggest
   2) happier   happiest
4. than
5. (the) (strongest)

위기를 모면한 요술 거울 | 비교급/최상급 ❷   147

1. ③
2. ④
3. You are my best friend.
4. 1) the most beautiful   2) best

고장 난 산타톡 | 비인칭 주어 It   151

1. It's
2. ①, ④
3. ❺ - ❶ - ❸ - ❷ - ❹
4. It's
5. 3)

동물원에 간 외계인 | 동물   155

1. <u>i</u> <u>e</u>

  <u>o</u> <u>e</u> <u>y</u>

  <u>r</u> <u>o</u>

2.

dolphin   rabbit   snake   zebra

3. rabbit

글자 먹는 벌레 | 과일   157

1. t / w / e / r
2. ②
3. grape
4. e / h
5. p

바다 괴물을 물리쳐라! | 바닷속 생물   159

1. octopus
2. crab
3. q u
4. <u>h</u> r <u>i</u> m p

똥파리를 삼킨 보아뱀 | 곤충, 벌레   161

1. ③
2. ①, ②, ④, ⑦
3. a <u>n</u> <u>t</u> 〉fly 〉 d <u>r</u> <u>a</u> <u>g</u> o n f <u>l</u> <u>y</u> 〉 <u>c</u> o w
4. <u>f</u> <u>r</u> o <u>g</u>

원시인 뼈 맞추기 | 신체   163

1.

foot   head   arm   leg

2. ① s t <u>o</u> m a c <u>h</u> ② h a <u>n</u> d
③ f <u>i</u> n g e r ④ k n <u>e</u> e ⑤ l e g ⑥ t <u>o</u> e
⑦ s <u>h</u> o u l <u>d</u> e r ⑧ b a <u>c</u> k ⑨ e l <u>b</u> o <u>w</u>
⑩ <u>h</u> i p ⑪ f <u>o</u> o t

악어 선생님과 악어새 | 아플 때 쓰는 표현　165

1. ③
2. ②
3. stomachache
4. earache

요술 항아리 | 음식　167

1.

f	c	h	e	e	s	e
a	l	t	s	d	e	f
d	f	o	n	i	o	n
g	j	m	u	y	u	i
z	x	a	v	r	c	b
d	f	t	h	j	g	f
g	f	o	s	d	h	j

2.

orcn	acrtor	pkinpmu	shromomu
corn	carrot	pumpkin	mushroom

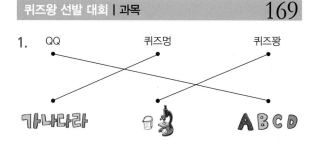

퀴즈왕 선발 대회 | 과목　169

1.

QQ　　　　퀴즈멍　　　　퀴즈꽝

가나다라　　　🔬　　　A B C D

2. science

3. 1) math　　2) Korean

냉동 파리는 싫어 | 계절　171

1. ❶ spring　　❷ winter　　❸ summer

2.

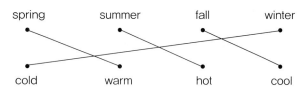

spring　　summer　　fall　　winter

cold　　warm　　hot　　cool

3. Do you like summer?
   I go swimming in summer.

우주개 '샬리'의 TV 중계 | 집 소개　173

1. ④
2. kitchen
3. He is in the living room.

마녀와 시간표 괴물 | 요일　175

1. ❶<u>M</u> ❷o ❸<u>e</u> ❹<u>n</u> ❺<u>s</u> ❻r ❼<u>t</u>
2. ③
3. Wednesday

피라미드와 황금 달력 | 월　177

1. 1) <u>J</u> u <u>l</u> y
　　　❶ ❷ ❸ ❹
   2) <u>7</u>
2. 1) November 11
   2) March 3
   3) September 9